Dr. Christian Rauda
Dr. Jochen Zenthöfer

25 Fälle

STRAFRECHT

Allgemeiner Teil

Strafrecht für die Klausur lernen

Gerade den schwierigen Allgemeinen Teil des Strafrechts muss man am Fall erlernen. In diesem Buch finden Sie die wichtigsten Streitigkeiten und Probleme dazu – aufbereitet im Gutachtenstil. Also genau so, wie Sie es in der Klausur machen müssen.

Christian Rauda *Jochen Zenthöfer*

Dr. Jochen Zenthöfer ist Autor des Grundkurses zum Strafprozessrecht und in Luxemburg tätig.
Dr. Christian Rauda ist Rechtsanwalt in Hamburg.
Gemeinsam betreiben Sie das Jurastudentenportal www.rauda-zenthoefer.de.

Hans-Peter Richter
Paul-Schroeder-Straße 18
24229 Dänischenhagen
Tel. 04349-1725
Fax 04349-571
E-Mail: RICHTER-VERLAG@t-online.de
www.Richter-Verlag.de

Druck und Verarbeitung: Druckerei Schmidt & Klaunig, Kiel

3. Auflage 2016

ISBN 978-3-935150-67-5

Strafrecht AT in Fällen

Probleme zu „Täterschaft & Teilnahme“ finden sich in fast allen Fällen.

Fall 1

Sachverhalt

A zieht, als er mit seinem Studium beginnt, in eine neue Stadt, in der er niemanden kennt. An der Uni fühlt er sich einsam, und ihm fehlen seine Freunde. Eines Tages wird er auf einen Aushang in der Mensa aufmerksam. Dort wirbt eine studentische Vereinigung um neue Mitglieder. Am Abend soll eine Infoveranstaltung der Vereinigung stattfinden.

A begibt sich am Abend in die Wohnung des B, der der Leiter der ortsansässigen Vereinigung ist.

Die Mitglieder der Vereinigung entscheiden sich, auch A in ihren Kreis aufzunehmen. Allerdings soll A dafür eine Mutprobe absolvieren, damit klar werde, dass A auch bereit sei, Schmerzen für die Gemeinschaft auszuhalten und so Mitglied ihrer eingeschworenen Gemeinschaft zu werden. A ist zu allem bereit, da er die Vorstellung hat, endlich anerkannt zu sein und Freunde zu finden.

A soll sich von B das Wachs einer brennenden Kerze auf die Hände laufen lassen. Hält er dies aus, ohne Zurückzuziehen oder die Zeremonie abzubrechen, wird er in die Gemeinschaft aufgenommen. Dabei erzählt B ihm, dass diese Zeremonie alle Mitglieder der Vereinigung über sich haben ergehen lassen und keiner ernsthafte Schmerzen davon getragen habe, es gehe nur um Mut. In Wirklichkeit hat die Zeremonie aber noch nie statt gefunden. B will nur testen, wie weit A gehen würde. Aus eigener Erfahrung weiß B, dass man sich an heißem Wachs sehr stark verletzen kann. Dass er auch stärkere Schmerzen und Verletzungen bei A hervorrufen kann, hält er zumindest für möglich.

A hat zwar Angst vor den Schmerzen, ist aber dennoch bereit, diese in Kauf zu nehmen. Er entscheidet sich, mitzumachen, weil alle anderen diese Aufnahmeprüfung nach Angaben des B auch bestanden haben und keiner von ihnen Verletzungen davongetragen hatte.

B träufelt dem A mehrere Sekunden lang Wachs auf die Hände. Dieser hält die Schmerzen kaum aus und muss sodann mit schweren Verbrennungen in das Krankenhaus eingeliefert werden. Dort muss er längere Zeit behandelt werden. Bleibende Narben behält er jedoch nicht zurück.

Wie hat B sich strafbar gemacht?

__Lösung__:

Strafbarkeit gemäß §§ 223 I, 224 I Nr. 1

B könnte sich wegen gefährlicher Körperverletzung gemäß §§ 223 I, 224 I Nr. 1 strafbar gemacht haben, indem er A Wachs auf die Hände träufelte.

1. Tatbestand

a) Objektiver Tatbestand

B müsste bei A zunächst eine **körperliche Misshandlung** vorgenommen haben oder eine Gesundheitsschädigung hervorgerufen haben. Eine körperliche Misshandlung ist ein übles und unangemessenes Behandeln, das das körperliche Wohlbefinden in einem nicht unbeachtlichen Maß beeinträchtigt. Das körperliche Wohlbefinden ist der Zustand des Körperbewusstseins, der vor der Behandlung vorhanden war. Vor dem Aufträufeln des Wachses hatte A keine Schmerzen, seine Hände waren unversehrt.

Somit hat sich nach der Behandlung sein Wohlbefinden stark verändert, er hat starke Schmerzen und muss sogar ins Krankenhaus. Ferner ist eine Behandlung **übel und unangemessen**, wenn keine Duldung durch die Rechtsordnung für die Rechtsgutbeeinträchtigung ersichtlich ist und die Behandlung auch von einem nicht unbedeutenden Umfang ist.

Es ist von der Rechtsordnung nicht geduldet, zum Zwecke der Mutprobe Wachs auf Körperteile eines anderen zu träufeln. Ferner sind die hervorgerufenen Schmerzen auch von einem nicht unbedeutenden Umfang. Eine körperliche Misshandlung liegt somit vor.

Ferner könnte auch eine **Gesundheitsschädigung** vorliegen. Eine Gesundheitsschädigung ist das hervorrufen oder Steigern eines pathologischen Zustandes. Durch die starken Verletzungen an den Händen, die behandlungsbedürftig sind, ist bei A ein krankhafter Zustand eingetreten. Damit liegt auch eine Gesundheitsschädigung vor.

Ferner könnte B die Körperverletzung **mit einem gesundheitsschädlichen Stoff** vorgenommen haben, § 224 I Nr.1. Dazu müsste es sich bei Wachs um einen gesundheitsschädlichen Stoff handeln. Ein gesundheitsschädlicher Stoff ist ein solcher, der auf mechanische oder thermische Weise wirkt. Nach allgemeiner Auffassung sollen auch heiße flüssige Stoffe dazu zählen. Das

Wachs ist somit ein heißer flüssiger Stoff im Sinne dieser Vorschrift. Dieser müsste ferner gesundheitsschädlich sein. Dies ist dann gegeben, wenn der Stoff nach seiner Art und dem konkreten Einsatz zur erheblichen Gesundheitsschädigung geeignet ist. Heißes Wachs einer brennenden Kerze, das unmittelbar auf die Haut geträufelt wird, ist nach der Art dazu geeignet, **erhebliche Verletzungen hervorzurufen**. Dies war bei dem konkreten Einsatz auch gerade vorherzusehen. Bei A ist auch, wie bereits dargestellt, eine erhebliche Gesundheitsschädigung eingetreten. Somit hat B unter den objektiven Voraussetzungen des § 224 I Nr. 1 gehandelt.

Ferner müsste B für die eingetretene Verletzung auch **kausal** geworden sein. Man kann sich die Handlung des B, das Aufträufeln des Wachses, nicht hinweg denken, ohne dass der Erfolg in seiner konkreten Gestalt als Gesundheitsschädigung entfiele, so dass nach der conditio-sine-qua-non-Formel Kausalität vorliegt.

Ferner müsste der Erfolg B auch **objektiv zurechenbar** sein. Objektive Zurechnung ist dann gegeben, wenn die Handlung ein rechtlich relevantes Risiko gesetzt hat und sich dieses Risiko im tatbestandsmäßigen Erfolg verwirklicht hat.

Ein **rechtlich relevantes Risiko** fehlt nach überwiegender Auffassung bei fehlender Beherrschbarkeit, noch erlaubtem Risiko sowie Risikoverringerung. Im vorliegenden Fall war die Handlung jedoch gerade durch B beherrschbar. Ferner hat B auch gerade das **Risiko** für die Gesundheitsschädigung gesetzt, und dies ist auch rechtlich relevant, da es gerade von §§ 223, 224 sanktioniert wird. Eine Duldung dieses gesetzten Risikos ist nicht ersichtlich. Somit liegt keine Ausschlussgruppe für das rechtlich relevante Risiko vor. Dieses hat B verwirklicht.

Fraglich ist, ob dieses Risiko sich auch im tatbestandsmäßigen Erfolg verwirklicht hat. Dies soll dann nicht der Fall sein, wenn es sich um einen **atypischen Kausalverlauf handelt, der Schutzbereich der Norm fehlt, kein Pflichtwidrigkeitszusammenhang besteht, Eigenverantwortlichkeit oder vorsätzliches Eingreifen Dritter vorliegt**. Der Kausalverlauf ist vorliegend, wie bereits dargestellt, gegeben und nicht atypisch. Ferner ist es auch gerade von dem Schutzbereich der §§ 223, 224 erfasst, die Verletzungen durch Aufträufeln von Wachs zu sanktionieren. Es besteht auch ein **Pflichtwidrigkeitszusammenhang**, da B mit dem gewollten Eingreifen pflichtwidrig gehandelt hat.

Es könnte jedoch eine Eigenverantwortlichkeit des A vorliegen, die die objektive Zurechenbarkeit ausschließen würde. Dies könnte deswegen vorliegen, weil A wusste, dass B eine Körperverletzung an ihm begehen würde und dies dennoch in Kauf nahm.

Bei einer **eigenverantwortlichen Selbstschädigung** müsste das Opfer im Stande sein, die Risiken voll abwägen zu können und anschließend frei entscheiden können, ob es sich diesen Gefahren aussetzen will. Eine solche Eigenverantwortlichkeit entfällt bei Alkohol- oder Drogenkonsum, da dann eine vollkommene Absehbarkeit der Folgen nicht gewährleistet ist. Vorliegend ist aber nicht ersichtlich, dass A nicht im Vollbesitz seiner geistigen Kräfte war und die Folgen nicht absehen konnte. Es könnte aber an der Eigenverantwortlichkeit dann fehlen, wenn der Täter gegenüber dem Opfer über ein **überlegenes Sachwissen** verfügt. Ein solch überlegenes Sachwissen des B könnte sich hier aus dem Aspekt ergeben, dass B den A darüber belogen hat, es handele sich um ein übliches Aufnahmeritual, bei dem es nur um Mut gehe und keine nennenswerten Verletzungen entstehen würden. Tatsächlich wusste er aber, dass er dem A erhebliche Verletzungen zufügen kann. Dies stellt ein überlegenes Sachwissen des B dar.

Somit scheidet eine eigenverantwortliche Selbstschädigung des A aus. Das Risiko der Gesundheitsschädigung hat sich im tatbestandsmäßigen Erfolg niedergeschlagen.

b) Subjektiver Tatbestand

Ferner müsste B auch vorsätzlich gehandelt haben. B wusste, dass er A stark verletzen könnte. Ferner wusste er auch, dass eine solche Gesundheitsschädigung gerade durch heißes Wachs hervorgerufen werden kann. Dennoch wollte er die Handlung vornehmen. Mithin handelte er vorsätzlich. Es besteht auch Vorsatz bezüglich der Qualifikation.

2. Rechtswidrigkeit

B müsste auch rechtswidrig gehandelt haben. Fraglich ist, ob die Einwilligung des A in die Körperverletzung die Rechtswidrigkeit ausschließt.

a) Dispositionsbefugnis über Rechtsgut

Zunächst müsste A befugt gewesen sein, überhaupt darüber verfügen zu dürfen, dass eine Körperverletzung an ihm begangen werden darf. Dass ist dann der Fall, wenn er Inhaber des Rechtsgutes ist. Es handelte sich um den

Körper des A. Damit war er Inhaber des Rechtsguts „körperliche Unversehrtheit“. Dieses Rechtsgut ist auch disponibel.

b) Einwilligungsfähigkeit

Ferner müsste A auch einwilligungsfähig gewesen sein. Einwilligungsfähigkeit setzt Einsichts- und Urteilsfähigkeit voraus. A war mangels gegenteiliger Angaben im Sachverhalt generell im Stande, Entscheidungen zu treffen und die Folgen dabei abzusehen. Dies hat er auch in der konkreten Situation erkannt.

c) Freiheit der Willensbildung- und Entscheidung

Die Einwilligung dürfte nicht auf Willensmängeln beruhen. Solche bestehen bei einem Irrtum oder Zwang. Fraglich ist, ob es an der Freiheit fehlt, da B dem A vorgetäuscht hat, alle hätten die Aufnahmeprüfung gemacht und keiner sei verletzt worden.

Ob ein Handeln, das auf einer durch Täuschung hervorgerufenen Einwilligung beruht, strafbar ist, ist umstritten.

Eine Ansicht vertritt die Auffassung, dass eine durch Täuschung erlangte Einwilligung stets **unwirksam** ist. Begründet wird dies damit, dass die Einwilligung gerade nicht mehr dem klaren Willen des Opfers entsprechen könne. Danach wäre im vorliegenden Fall die Einwilligung des A unwirksam.

Eine andere Ansicht geht davon aus, dass eine durch Täuschung erlangte Einwilligung **nur** dann unwirksam ist, wenn die **Täuschung** eine rechtsgutbezogene Fehlvorstellung bewirkt hat. Es muss über den Umfang der Rechtsgutverletzung getäuscht werden. Begründet wird dies damit, dass nur rechtsgutbezogene Fehlvorstellungen für die Tragweite des Verzichtes relevant sind. Vorliegend täuscht B aber gerade über die Tragweite der Rechtsgutverletzung. A geht davon aus, dass keine erheblichen Körperverletzungen entstehen, da er glaubt, dass die anderen auch alle keine erlitten haben. Somit würde auch nach dieser Ansicht die Wirksamkeit der Einwilligung entfallen.

Eine dritte Ansicht geht davon aus, dass eine durch Täuschung erlangte Einwilligung dann unwirksam ist, wenn dadurch eine selbstbestimmte Entscheidung des Opfers ausgeschlossen wird. Relevant soll nur sein, ob eine autonome Entscheidung im Einzelfall vorliegt. Vorliegend ist eine selbstbestimmte Entscheidung des A aber nicht ausgeschlossen. B täuscht zwar über die Tragweite der Rechtsgutverletzung, aber er nimmt ihm insgesamt keine autonome Entscheidungsmöglichkeit. Damit würde nach dieser Ansicht eine wirksame Einwilligung des A vorliegen.

Da die Ansichten zu einem unterschiedlichen Ergebnis kommen, ist eine Stellungnahme erforderlich.

Gegen die dritte Ansicht spricht der unklare Charakter des Kriteriums. Im Einzelfall ist schwer zu unterscheiden, unter welchen Umständen eine Entscheidung noch ganz autonom oder schon fremdbestimmt war. Zudem verkennt diese Ansicht die Motivation für autonome Entscheidungen. Bei der Einwilligung ist gerade relevant, dass das Opfer in Kenntnis aller relevanten Umstände eine freiverantwortliche Entscheidung trifft. Sobald eine wesentliche Täuschung vorliegt, kann diese Entscheidung schon gar nicht mehr autonom und freiverantwortlich sein. Hätte A gewusst, dass ihm erhebliche Verletzungen drohen, hätte er vielleicht der Handlung nicht zugestimmt. Relevant sind gerade rechtsgutbezogene Fehlvorstellungen, da dadurch unmittelbar das Rechtsgut bedroht wird. Genau eine solche Drohung liegt im vorliegenden Fall aber vor. Daher ist die dritte Ansicht abzulehnen.

Es liegt keine freiverantwortliche Einwilligung des A vor.

Zwischenergebnis
Es liegt keine Einwilligung des A vor. Folglich war die Tat rechtswidrig.

3. Schuld
B handelte ferner auch schuldhaft.

Ergebnis: B hat sich wegen gefährlicher Körperverletzung gemäß §§ 223 I, 224 I Nr. 1 strafbar gemacht.

Fall 2

Sachverhalt

Der Bankangestellte B ist neidisch auf seinen Kollegen K, weil dieser befördert wurde. Er beschließt daher, sich an K zu rächen. Von einem Jurastudenten hat B gehört, dass man geringer bestraft wird, wenn man eine Straftat betrunken begeht. Daher fasst er den Entschluss, sich bei der nächsten Betriebsfeier Mut anzutrinken und sich anschließend K unter dem Vorwand, etwas Geschäftliches mit ihm besprechen zu müssen, zu nähern und diesem dann unversehens ins Gesicht zu schlagen. Diesen Entschluss führt B wie geplant aus und bricht dabei das Nasenbein des K. Während der Tathandlung hatte B eine Blutalkoholkonzentration (BAK) von über 3,1 Promille und war derart betrunken, dass er ohne Einsichtsfähigkeit handelte.

Anschließend torkelt B zu seinem Auto und fährt in Schlangenlinien nach Hause. Dabei fährt er beinahe den Fußgänger F an. Dieser kann sich jedoch durch einen geistesgegenwärtigen Sprung in einen Vorgarten retten. B war sich zwar der Möglichkeit bewusst, dass er aufgrund seiner alkoholisierten Fahrweise andere verletzen könnte. Dies war ihm jedoch egal.

Wie hat B sich strafbar gemacht?

Lösung:

1. Tatkomplex: Die Betriebsfeier

I. Strafbarkeit gemäß §§ 223, 224 I Nr. 3

B könnte sich durch das Schlagen des K wegen gefährlicher Körperverletzung gemäß § 223, 224 I Nr. 3 strafbar gemacht haben.

1. Tatbestand

a) Tatbestand des Grunddelikts

aa) Objektiver Tatbestand des Grunddelikts

B müsste K an der Gesundheit beschädigt oder körperlich misshandelt haben. Eine Gesundheitsbeschädigung ist das Hervorrufen oder Steigern eines pathologischen Zustandes. Eine körperliche Misshandlung ist eine grobe, unangemessene Behandlung, die das körperliche Wohlbefinden nicht nur unerheblich einschränkt. B brach das Nasenbein des K; er rief also einen pathologischen Zustand hervor. Somit schädigte er K an der Gesundheit. Ein Schlag ins Gesicht stellt zudem eine grobe, unangemessene Behandlung dar, die das körperliche Wohlbefinden nicht nur unerheblich beeinträchtigt. Folglich hat B auch diese Tatalternative erfüllt.

bb) Subjektiver Tatbestand des Grunddelikts

In subjektiver Hinsicht müsste B vorsätzlich gehandelt haben. Vorsatz ist der Wille zur Verwirklichung eines Tatbestandes in Kenntnis aller seiner objektiven Tatumstände. B plante seine Tat, er wusste und wollte, was er tat. Somit handelte er vorsätzlich.

b) Tatbestand der Qualifikation

aa) Objektiver Tatbestand der Qualifikation

B müsste gemäß § 224 Nr. 3 die Körperverletzung mittels eines hinterlistigen Überfalls begangen haben. Ein hinterlistiger Überfall liegt vor, wenn das planmäßige Handeln des Täters auf die Verdeckung der wahren Absichten gerichtet ist und er somit die Verteidigungsmöglichkeiten des Opfers einschränkt. B näherte sich K im vorliegenden Fall nicht offensichtlich feindselig, sondern unter dem Vorwand, etwas Geschäftliches mit ihm besprechen zu müssen. B wurde daher von dem Schlag ins Gesicht völlig überrascht und in der Verteidigungsmöglichkeit eingeschränkt. Ein hinterlistiger Überfall durch B liegt demnach vor.

bb) Subjektiver Tatbestand der Qualifikation

B handelte auch bezüglich des hinterlistigen Überfalls vorsätzlich.

2. Rechtswidrigkeit: B handelte rechtswidrig.

3. Schuld

B könnte im Tatzeitpunkt schuldunfähig gemäß § 20 gewesen sein, so dass eine Strafbarkeit wegen gefährlicher Körperverletzung gemäß §§ 223, 224 ausgeschlossen wäre. Dazu hätte eine tiefgreifende Bewusstseinsstörung seitens B vorliegen müssen. Eine tiefgreifende Bewusstseinsstörung ist eine grundsätzlich nicht krankhafte Trübung oder Einengung des Bewusstseins. Dieser war im Tatzeitpunkt so betrunken, dass er nicht mehr fähig war, das Unrecht seiner Tat einzusehen. Es lag somit eine tiefgreifende Bewusstseinsstörung vor.[1] Die Voraussetzung des § 20 für den Ausschluss der Schuldfähigkeit liegt vor. B war im Zeitpunkt des Zuschlagens schuldunfähig.

Ergebnis: B hat sich nicht durch das Zuschlagen wegen gefährlicher Körperverletzung gemäß §§ 223, 224 strafbar gemacht.

II. Strafbarkeit gemäß §§ 223, 224 i.V.m. den Grundsätzen der *a.l.i.c.*

B könnte sich aber durch das Betrinken und spätere Schlagen des K wegen gefährlicher Körperverletzung gemäß §§ 223, 224 nach den Grundsätzen der so genannten *actio libera in causa* (*a.l.i.c.*) strafbar gemacht haben.

1. Tatbestand

a) Objektiver Tatbestand

aa) Eine Körperverletzung des K liegt vor (s.o.).

bb) Fraglich ist jedoch, ob das Betrinken des B kausal für die Körperverletzung des K geworden ist. Der Alkoholkonsum enthemmte den B; zudem wollte er die Tat nur in betrunkenem Zustand begehen, um geringer bestraft zu werden. Hätte er sich nicht betrunken, so wäre es folglich auch nicht zu der Tat gekommen. Damit ist das Betrinken des B für die Körperverletzung kausal gewesen.

cc) Der Erfolg müsste dem B objektiv zurechenbar sein. Das ist dann der Fall, wenn der Täter eine rechtlich missbilligte Gefahr geschaffen hat und sich diese Gefahr im konkreten Erfolg verwirklicht hat. Zwar handelt es sich beim Betrinken an sich noch um ein sozialadäquates Verhalten, allerdings betrank B sich nur deshalb, um den Mut für die anschließende Straftat zu finden und um später nur eine geringe Strafe davonzutragen. Somit schuf B eine rechtlich missbilligte Gefahr, die sich im konkreten Erfolg, der gefährlichen Körperverletzung, niederschlug. Dieser Erfolgseintritt war auch voraussehbar, insbesondere da B die Begehung der gefährlichen Körperverletzung zuvor bereits geplant hatte.
Der objektive Tatbestand der gefährlichen Körperverletzung ist damit durch das Betrinken des B erfüllt.

---

[1] Bei einer BAK von über 3 Promille ist die absolute Schuldunfähigkeit regelmäßig nicht mehr auszuschließen. Es muss allerdings eine Gesamtschau des Täterverhaltens vorgenommen werden, denn dieser BA-Wert stellt nur einen Anhaltspunkt dar und keine absolute Grenze.

b) Subjektiver Tatbestand

B müsste vorsätzlich gehandelt haben. B hat sich mit der Absicht betrunken, sich dem K in betrunkenem Zustand unter einem Vorwand zu nähern und ihm ins Gesicht zu schlagen. Vorsatz liegt demnach vor.

2. Rechtswidrigkeit

Rechtfertigungsgründe sind nicht ersichtlich; B handelte rechtswidrig.

3. Schuld

B hätte schuldhaft gehandelt haben müssen. Im Zeitpunkt des Sich-Betrinkens war B schuldfähig. Trotz der Schuldunfähigkeit im Zeitpunkt der eigentlichen Tatbestandsverwirklichung kommt eine Bestrafung dann in Betracht, wenn der Täter sich selbstverschuldet in den Defektzustand versetzt hat und die in der Tatbestandsverwirklichung kulminierende Kausalkette noch im Zustand der Schuldfähigkeit in Gang gesetzt hat. **In so einem Fall können die Grundsätze der *actio libera in causa* (*a.l.i.c.*) einschlägig sein.** Danach wird die Verantwortlichkeit des Täters vorverlegt, und zwar in die Zeit vor Verlust der Steuerungsunfähigkeit, so dass eine Strafbarkeit des Täters wegen der eigentlichen Tat und nicht lediglich wegen Vollrauschs nach § 323 a möglich wird.

Für die gewohnheitsrechtlich entwickelte Figur der *a.l.i.c.* gibt es verschiedene Begründungsansätze:

a) Vorverlagerungsmodell/Tatbestandslösung

Dieser Ansatz begründet die *a.l.i.c.* damit, dass das Betrinken bereits die tatbestandliche Handlung des im schuldunfähigen Zustand begangenen Delikts darstellt. Durch diese Handlung wird ein Kausalverlauf in Gang gesetzt, an dessen Ende der Erfolg der tatbestandlichen Handlung steht. Die „Begehung der Tat“ im Sinne des § 20 beginnt daher bereits mit der Herbeiführung des Defekts, also des Betrinkens.

b) Modell der mittelbaren Täterschaft

Nach diesem Ansatz stellt die a.l.i.c. einen Sonderfall der mittelbaren Täterschaft dar. Der Täter ist nach Eintritt der Schuldunfähigkeit sein eigenes Werkzeug. Auch nach dieser Ansicht nimmt der Täter die strafrechtlich relevante Handlung daher zu einem Zeitpunkt vor, in dem er noch schuldfähig war (vgl. Rechtsprechung des BGH zu den Straßenverkehrsdelikten, BGHSt 42, 235, 239). § 25 I Var.2 spricht jedoch von einem „anderen“, beim dargestellten

Ansatz sind die Täterperson und das Werkzeug identisch. Dieser Ansatz kann daher nicht überzeugen.

c) Ausnahmemodell

Dieser Ansatz macht eine Ausnahme vom Koinzidenzprinzip, welches besagt, dass Tatbestand und Schuld zum selben Zeitpunkt vorliegen müssen. Dies wird mit einer Parallele zu den §§ 35 I 2 und 17 S. 2 begründet wird, denn auch dort werde trotz Schuldlosigkeit im Zeitpunkt der Begehung eine Ausnahme von der Straflosigkeit gemacht, wenn der Täter sich selbst in den die Schuldlosigkeit begründenden Zustand hineinversetzt habe.
§ 20 enthält aber anders als die §§ 35, 17 keine Formulierung einer Ausnahme dieses Grundsatzes. Dieser Ansatz scheitert am Analogieverbot des Art. 103 II GG, welches eine Analogie zu Lasten des Täters nicht erlaubt.

Unabhängig von der dogmatischen Herleitung ist die *actio libera in causa* bei Erfolgsdelikten von der ganz herrschenden Meinung anerkannt.

Des Weiteren müssten die Voraussetzungen für die fahrlässige oder die vorsätzliche *a.l.i.c.* gegeben sein. Voraussetzung für die vorsätzliche *a.l.i.c.* ist, dass der Täter den Defektzustand vorsätzlich herbeigeführt und seinen Vorsatz bereits in diesem Zeitpunkt auf die Begehung einer bestimmten Straftat gerichtet haben muss, zu deren Verwirklichung es im Zustand der Schuldunfähigkeit tatsächlich gekommen ist. Im vorliegenden Fall hat sich B vorsätzlich durch Alkoholkonsum in den schuldausschließenden Zustand des § 20 versetzt, um eine Straftat begehen zu können und für diese nur gering bestraft zu werden.
Die Voraussetzungen der vorsätzlichen *a.l.i.c.* lagen daher vor.

Ergebnis: B hat sich wegen gefährlicher Körperverletzung in Verbindung mit den Grundsätzen über die *actio libera in causa* strafbar gemacht.

III. Strafbarkeit gemäß § 323 a

B könnte sich durch Schlagen des K wegen Vollrauschs gemäß § 323 a strafbar gemacht haben.

1. Tatbestand

a) Objektiver Tatbestand

B müsste sich durch alkoholische Getränke in einen Rausch, d.h. in einen Zustand akuter Intoxikation, versetzt haben. Durch den Genuss alkoholischer

Getränke erreichte die BAK des B einen Wert von 3,1 Promille; er hatte sich daher in einen Rauschzustand versetzt. B hätte in Folge des Rausches schuldunfähig sein müssen. Er war nicht mehr einsichtsfähig und daher schuldunfähig gemäß § 20 (s.o.).

b) Subjektiver Tatbestand
B müsste sich vorsätzlich oder fahrlässig in den Rausch versetzt haben. Laut Sachverhalt wollte B sich bis zur Schuldunfähigkeit betrinken, er handelte also auch vorsätzlich.

c) Objektive Bedingung der Strafbarkeit
B müsste im Zustand der Schuldunfähigkeit eine rechtswidrige Tat begangen haben. Er beging eine Körperverletzung gemäß § 223 und entging einer Bestrafung lediglich aufgrund seiner Schuldunfähigkeit im Tatzeitpunkt. Die Strafbarkeitsbedingung ist somit ebenfalls gegeben.

2. Rechtswidrigkeit: B handelte daher rechtswidrig.

3. Schuld: B handelte somit schuldhaft.

Ergebnis: B hat sich wegen Vollrauschs gemäß § 323 a strafbar gemacht.

2. Tatkomplex: Die Rückfahrt

I. Strafbarkeit gemäß § 315 c
B könnte sich wegen der Trunkenheitsfahrt und des Anfahrens des F wegen Straßenverkehrsgefährdung gemäß § 315 c I Nr. 1 a strafbar gemacht haben.

1. Tatbestand
a. Objektiver Tatbestand
B müsste ein Fahrzeug geführt haben. Dies war der Fall, denn er fuhr mit seinem Pkw. Des Weiteren müsste er fahruntüchtig gewesen sein; er müsste also nicht mehr fähig gewesen sein, seinen Pkw so zu steuern, dass er den Anforderungen des Straßenverkehrs gerecht wird. Ab einer **Blutalkoholkonzentration von 1,1 Promille liegt absolute Fahruntüchtigkeit** vor, d.h. die Fahruntüchtigkeit wird unwiderleglich vermutet (vgl. *Zenthöfer*: Juristischer Grundkurs „Strafprozessrecht“ mit allen BAK-Berechnungsmethoden). Mit einer BAK von 3,1 Promille war B demnach fahruntüchtig. Als

Folge der Fahruntüchtigkeit müsste er eine konkrete Gefahr für Leib oder Leben eines anderen verursacht haben. Eine konkrete Gefahr ist dann gegeben, wenn der Schadenseintritt wahrscheinlicher ist als sein Ausbleiben; dies ist bei einem „Beinahe-Unfall" der Fall. Vorliegend konnte F nur durch einen Sprung zur Seite einer Körperverletzung durch Anfahren entgehen. Eine konkrete Gefahr lag demnach vor.

b) Subjektiver Tatbestand

B hätte Vorsatz hinsichtlich sämtlicher Tatbestandsmerkmale haben müssen. B hat sich vorsätzlich durch Alkoholgenuss in den Zustand der Fahruntüchtigkeit versetzt. Zudem hätte er auch Vorsatz bezüglich des Fahrens trotz Fahruntüchtigkeit gehabt haben müssen. Er torkelte zu seinem Auto und war sich seiner Trunkenheit bewusst, somit handelte er auch diesbezüglich vorsätzlich. Die Möglichkeit einer Gefährdung anderer Personen kam ihm in den Sinn, war ihm jedoch egal. Folglich hatte er bezüglich der konkreten Gefährdung bedingten Vorsatz (**sog. *dolus eventualis***). Somit handelte B bezüglich aller Tatbestandsmerkmale vorsätzlich.

2. Rechtswidrigkeit: B handelte rechtswidrig.

3. Schuld

B hätte schuldhaft handeln müssen. Aufgrund seiner Trunkenheit befand er sich jedoch im Tatzeitpunkt im Zustand der Schuldunfähigkeit (s.o.), so dass eine Strafbarkeit gemäß § 20 ausgeschlossen ist.

Fraglich ist, ob eine Strafbarkeit gemäß § 315 c in Verbindung mit den Grundsätzen der *a.l.i.c.* in Betracht kommt. **Nach der Rechtsprechung des BGH[2] kommen die Grundsätze der a.l.i.c. bei den Tätigkeitsdelikten, also auch bei den Straßenverkehrsdelikten, nicht in Betracht.** Das Vorverlagerungsmodell (s.o.) kann hier nicht angewendet werden, da es bei Tätigkeitsdelikten gerade nicht auf einen Erfolg ankommt, der kausal durch das Betrinken herbeigeführt wird, sondern die Tätigkeit an sich verboten ist. Das Modell der mittelbaren Täterschaft funktioniert ebenfalls nicht, da das Delikt eigenhändig begangen wird. Das so genannte „Ausnahmemodell" ist wegen seiner Verfassungswidrigkeit abzulehnen. Daher kann das Führen eines Fahrzeuges in fahruntüchtigem Zustand nicht durch das Betrinken ersetzt

---

[2] Maßgebliche Entscheidung, in der sich der BGH ausführlich mit allen zur *a.l.i.c.* vertretenen Begründungsansätzen auseinandersetzte, in NJW 1997, 138; JZ 1997, 50.

werden. Eine Strafbarkeit gemäß § 315 c in Verbindung mit den Grundsätzen der a.l.i.c. kommt somit nicht in Betracht.
Ergebnis: B hat sich nicht gemäß § 315 c strafbar gemacht.

II. Strafbarkeit gemäß § 323 a
B könnte sich durch die Trunkenheitsfahrt wegen Vollrauschs gemäß § 323 a strafbar gemacht haben.

1. Tatbestand
a) Objektiver Tatbestand
B müsste sich durch alkoholische Getränke in einen Rausch, d.h. in einen Zustand akuter Intoxikation, versetzt haben. Durch den Genuss alkoholischer Getränke erreichte die BAK des B einen Wert von 3,1 Promille; er hatte sich daher in einen Rauschzustand versetzt. B hätte in Folge des Rausches schuldunfähig sein müssen. Er war nicht mehr einsichtsfähig und daher schuldunfähig gemäß § 20 (s.o.).

b) Subjektiver Tatbestand
B müsste sich vorsätzlich oder fahrlässig in den Rausch versetzt haben. Laut Sachverhalt wollte B sich bis zur Schuldunfähigkeit betrinken, er handelte also auch vorsätzlich.

c) Objektive Bedingung der Strafbarkeit
B müsste im Zustand der Schuldunfähigkeit eine rechtswidrige Tat begangen haben. Er beging eine Gefährdung des Straßenverkehrs gemäß § 315 c und entging einer Bestrafung lediglich aufgrund seiner Schuldunfähigkeit im Tatzeitpunkt. Die Strafbarkeitsbedingung ist somit ebenfalls gegeben.

2. Rechtswidrigkeit: B handelte daher rechtswidrig.

3. Schuld: B handelte somit schuldhaft.

Ergebnis: B hat sich wegen Vollrauschs gemäß § 323 a strafbar gemacht.

Endergebnis und Konkurrenzen:
B hat sich wegen gefährlicher Körperverletzung in Verbindung mit den Grundsätzen der *actio libera in causa* und in Tatmehrheit dazu wegen Vollrauschs gemäß §§ 223, 224 I Nr. 3, 323 a, 53 strafbar gemacht.

Fall 3

Sachverhalt

Der Pizzabäcker P weigert sich standhaft, Schutzgeldzahlungen zu leisten. Aus diesem Grund erteilt Mafiaboss M den für ihn tätigen Auftragskillern Eliseo (E) und Luigi (L) den Befehl, P umzubringen. Dabei gibt er Anweisungen bezüglich Art und Zeitpunkt des Todes und stellt ihnen die notwendigen Mittel zur Verfügung. L und E kundschaften zunächst die Gewohnheiten des P aus. Nach gemeinsamer Planung mit L baut E anschließend eine Autobombe. Diese bringt L absprachegemäß am Auto des P derart an, dass sie bei Betätigung der Zündung explodiert. E steht Schmiere. Ausnahmsweise leiht sich jedoch T, die 18-jährige Tochter des P, den Pkw an diesem Tag. Sie kommt bei der Explosion um.
Wie haben sich die Beteiligten zu Lasten von T strafbar gemacht? (Mordmerkmale sind nicht zu prüfen.)

Lösung:

A. Strafbarkeit des L gemäß § 212

L könnte sich durch das Anbringen der Autobombe wegen Totschlags gemäß § 212 strafbar gemacht haben.

1. Tatbestand

a) Objektiver Tatbestand

L müsste einen Menschen getötet haben. L brachte die Autobombe am Auto des P an. Durch die Explosion starb die Tochter des P. Durch das Anbringen der Bombe hat L alles getan, was nach seiner Ansicht zur Tötung des P notwendig war. **Jedoch war zum Erfolgseintritt ein weiterer wesentlicher Zwischenschritt, nämlich Umdrehen des Zündschlüssels, notwendig.** Solche Fälle weisen eine der mittelbaren Täterschaft verwandte Struktur auf, bei dem das Opfer zum Werkzeug seiner eigenen Tötung gemacht wird. Nach der h.M. erfolgt hier allerdings **kein genereller Rückgriff auf die Grundsätze der mittelbaren Täterschaft**, da der Täter eigenhändig Handlungen vornimmt und somit unmittelbarer Täter ist.[3]
Der objektive Tatbestand liegt somit vor.

[3] „Giftfalle“ BGH,NJW 97, 3453

b) Subjektiver Tatbestand

L hätte vorsätzlich, also mit Wissen und Wollen der Tatbestandsverwirklichung handeln müssen. L wollte einen Menschen töten. Fraglich ist, wie es sich auswirkt, dass L dachte, P und nicht dessen Tochter würde sich in das Auto setzen und durch die Explosion sterben. Der Vorsatz wäre gemäß § 16 ausgeschlossen, wenn L einem Tatumstandsirrtum[4] unterliegt. Bei dem vorliegenden Irrtum handelt es sich entweder um einen ***error in persona vel objecto*** oder um ein Fehlgehen der Tat, so genannte ***aberratio ictus***. Ein *error in objecto* ist nur dann ein beachtlicher Tatumstandsirrtum nach § 16 I 1, wenn die verwechselten Objekte nicht gleichwertig sind. Im vorliegenden Fall handelt es sich jedoch um zwei Personen, so dass dieser Irrtum unbeachtlich wäre, der Vorsatz also nicht gemäß § 16 I 1 entfiele.

Die Behandlung einer *aberratio ictus* **bei Gleichwertigkeit der Objekte** ist strittig, nach einer Ansicht käme aber lediglich eine Bestrafung wegen Versuchs und Fahrlässigkeit in Betracht. Folglich ziehen die in Frage kommenden Irrtümer unterschiedliche Folgen nach sich. Somit ist eine Abgrenzung vorzunehmen.

Bei dem Anbringen der Autobombe richtete sich der Tötungsvorsatz des L auf die nächste Person, die die Zündung des Autos betätigt. Es starb auch tatsächlich die Person, die die Zündung betätigte. L unterlag lediglich bezüglich der Identität dieser Person einem Irrtum; ein Fehlgehen des Tötungsmittels an sich lag aber nicht vor, es tötete genau die Person, die es sollte. Somit handelt es sich um einen unbeachtlichen *error in persona*. Ein Tatumstandsirrtum nach § 16 liegt daher nicht vor; L handelte vorsätzlich.

2. Rechtswidrigkeit und Schuld

L handelte rechtswidrig und schuldhaft.

Ergebnis: L hat sich wegen Totschlags an T gemäß § 212 strafbar gemacht.

---

[4] Manche Lehrbücher sagen auch „Tatbestandsirrtum". Wir lehnen diese Terminologie ab (wie auch z.B. Prof. *Marxen* in seinen Vorlesungen an der HU Berlin und in seinem Lehrbuch). Der Begriff „Tatumstandsirrtum" ist nicht nur genauer. Er ist auch klarer. Denn wenn man über den „Tatbestand" irrt, befindet man sich dem Worte nach in einem Verbotsirrtum.

B. Strafbarkeit des E wegen §§ 212, 25 II

E könnte sich durch das Bauen der Bombe und das Schmiere stehen wegen Totschlags an T in Mittäterschaft gemäß §§ 212, 25 II strafbar gemacht haben.

1. Tatbestand

a) Objektiver Tatbestand

E müsste einen Menschen getötet haben. T starb bei der Bombenexplosion. Fraglich ist jedoch, wie es sich auswirkt, dass nicht E sondern L die Bombe an dem Auto anbrachte und somit E letztlich die eigentliche Tathandlung nicht selbst vornahm. Diese Handlung könnte ihm jedoch zuzurechnen sein, wenn E und L in Mittäterschaft gemäß § 25 II handelten. **Mittäterschaft ist das bewusste und gewollte Zusammenwirken mehrerer, also die gemeinschaftliche Tatbegehung aufgrund eines gemeinsamen Tatentschlusses.** E und L erarbeiteten gemeinsam eine Vorgehensweise, sie hatten also einen gemeinsamen Tatentschluss. Fraglich ist, ob hier eine gemeinschaftliche Tatausführung vorlag. Bei dem Tatbeitrag des E, dem Bauen der Bombe, könnte es sich auch lediglich um ein Hilfeleisten zur Tatausführung handeln. Dann könnte E nicht wegen Mittäterschaft, sondern nur wegen Beihilfe gemäß § 27 bestraft werden. Zur Abgrenzung von Täterschaft und Teilnahme werden unterschiedliche Theorien vertreten.

aa) Nach der **Tatherrschaftslehre** kann Täter nur sein, wer mit Tatherrschaft handelt. Tatherrschaft ist dabei das vom Vorsatz umfasste „In-den-Händen-halten“ des tatbestandsmäßigen Geschehensablaufes. Innerhalb der Tatherrschaftslehre ist jedoch streitig, ob der Begriff „Tatherrschaft“ ein Mitwirken des Beteiligten im Ausführungsstadium erfordert.

(1) Nach der **Tatherrschaftslehre im engeren Sinne** ist die Mitbeherrschung der Tathandlung erforderlich. E müsste daher an der Ausführung der Tat mitgewirkt haben. Dies war jedoch nicht der Fall, E war am Tatort gar nicht anwesend. Die Ausführungshandlung, das Anbringen der Bombe, wurde alleine von L vorgenommen, so dass E sich lediglich wegen Beihilfe strafbar gemacht hätte.

(2) Nach der **Tatherrschaftslehre im weiteren** Sinne ist für den Begriff der Tatherrschaft ein Mitbeherrschen der Tat im sozialen Sinne ausreichend. Danach können auch im Vorbereitungsstadium erbrachte Beiträge mittäterschaftliches Handeln begründen. Erforderlich ist dann jedoch, dass das Beteiligungsminus bei der Tatausführung durch das Gewicht des Tatbeitrages für die Tatverwirklichung und durch die Stellung des Beteiligten in der Organisation ausgeglichen wird. E erbrachte im Vorbereitungsstadium einen wichtigen Beitrag, denn er war für den Bau der Bombe zuständig. Zudem hatte er gemeinsam mit L die Gewohnheiten des P ausgekundschaftet und auch den Plan gemeinsam mit ihm entworfen. Das Beteiligungsminus bei der Tatausführung glich er somit durch seine gleichberechtigte Stellung in der Organisation und seinen Tatbeitrag im Vorbereitungsstadium aus. Somit läge nach dieser Ansicht Mittäterschaft vor.

bb) Nach der subjektiven Theorie ist Täter, wer die Tat als eigene will, also mit **Täterwillen** (*animus auctoris*) handelt. Teilnehmer ist, wer mit Teilnahmewillen (*animus socii*) tätig wird; die Tat also als fremde will. E will den Befehl des M ausführen. Ihm liegt an der Ausführung der Tat genauso viel wie L. Nach dieser Ansicht wäre E also ebenfalls Täter und nicht Teilnehmer.

cc) Aufgrund der unterschiedlichen Ergebnisse muss der Streit entschieden werden. Gegen die Tatherrschaftslehre im engeren Sinne spricht, dass selbst ein Bandenchef stets nur wegen Anstiftung und Beihilfe bestraft würde, obwohl er eine leitende Rolle in der Planung und Organisation innehat, so dass die Tat bei wertender Betrachtung eigentlich sein Werk ist. Die enge Theorie ist zu formalistisch und wird den unterschiedlichen Fallgestaltungen nicht gerecht (vgl. Bandenboss am Handy ist auch nicht vor Ort). Gegen die subjektive Theorie spricht, dass sie richterlicher Willkür Tür und Tor öffnet und damit die Gefahr einer willkürlichen Handhabung sehr groß ist. Zu beachten ist, dass E eine **Hauptfigur** im Geschehen ist, und **nicht nur eine Randfigur** darstellt. Somit ist der Tatherrschaftslehre im weiteren Sinne zu folgen. E ist daher Mittäter und nicht lediglich Gehilfe. Somit wird E das Anbringen der Bombe durch den L zugerechnet, und auch er verwirklichte den objektiven Tatbestand der Tötung.

b) Subjektiver Tatbestand

E müsste Vorsatz bezüglich der Tötung der T gehabt haben. Fraglich ist, ob sich der *error in persona* des L auf die Strafbarkeit des E auswirkt, oder ob er für E ebenfalls unbeachtlich ist. Grundsätzlich ist den anderen Mittätern nur zuzurechnen, was von dem gemeinsamen Tatplan gedeckt ist, also beispielsweise nicht der Exzess eines Mittäters. Fraglich ist, ob der Irrtum vom gemeinsamen Tatplan gedeckt war. Dies ist dann der Fall, wenn die Tathandlung die bestehenden Abmachungen nicht überschreitet. Vorliegend nahm der L nur absprachegemäße Handlungen vor. Seine Objektsverwechslung, die für seine Strafbarkeit aufgrund der Gleichwertigkeit der

Objekte unbeachtlich ist, bleibt auch für seinen Mittäter bedeutungslos. E handelte demnach auch vorsätzlich.

2. Rechtswidrigkeit und Schuld liegen vor.

Ergebnis: E hat sich wegen Tötung in Mittäterschaft gemäß §§ 212, 25 II strafbar gemacht.

C. Strafbarkeit des M gemäß §§ 212, 25 I Var.2

M könnte sich dadurch, dass er seinen Auftragskillern E und L den Befehl erteilte, P umzubringen, wegen Tötung in mittelbarer Täterschaft gemäß §§ 212, 25 I Var. 2 strafbar gemacht haben.

1. Tatbestand

a) Objektiver Tatbestand

M müsste einen Menschen getötet haben. Er war selbst nicht am Tatort, so dass er sich als Täter nur strafbar gemacht haben kann, wenn er als mittelbarer Täter oder als Mittäter handelte. Mittelbarer Täter gemäß § 25 I Var. 2 ist, wer die Tat durch einen anderen begeht, wer also bei der Vornahme der Tatbestandshandlung einen Tatmittler in Gestalt eines menschlichen Werkzeugs für sich handeln lässt.

Der Hintermann hat also das Gesamtgeschehen **kraft seines planvoll lenkenden Wissens „in der Hand"**, während der Tatmittler lediglich eine unterlegene Stellung innehat. Grundsätzlich ist Merkmal dieser unterlegenen Stellung, dass beim Werkzeug ein Strafbarkeitsmangel vorliegt. E und L müssten straflos gehandelt haben. Beide machten sich jedoch wegen Totschlags (in Mittäterschaft) strafbar (s.o.). In solchen Fällen, in denen der unmittelbar Handelnde vorsätzlich und strafbar handelt, kommt **mittelbare Täterschaft** in der Regel nicht in Betracht.

Ausnahmen werden jedoch vom BGH in wenigen Fällen anerkannt:[5] die Rechtsfigur des so genannten „**Täters hinter dem** Täter" soll es bei organisierten Machtapparaten geben, die erhebliche Organisationsstrukturen aufweisen, wie z.B. beim DDR-Regime, aber auch bei mafiaähnlichen Organisationsstrukturen. Entscheidend ist, dass die Befehlshaber solcher

---

[5] BGH 40, 236.

Organisationen das Gesamtgeschehen kraft ihrer Herrschaftsgewalt in jede von ihnen gewünschte Richtung lenken können. Dem Mafiaboss sind alle anderen Mitglieder der Mafia zu unbedingtem Gehorsam verpflichtet; somit hat er das Gesamtgeschehen planvoll lenkend in der Hand. Er handelte als mittelbarer Täter in Form des „Täters hinter dem Täter". Somit erfüllte M durch seine Werkzeuge L und E den objektiven Tatbestand der Tötung.

b) Subjektiver Tatbestand

M hätte auch Vorsatz bezüglich der Tötung der T haben müssen. Er erteilte jedoch Befehl bezüglich der Tötung des P. Fraglich ist, wie sich der Irrtum seiner Werkzeuge auf den Vorsatz des M auswirkt.

aa) Nach einer Ansicht ist das **menschliche Werkzeug einem mechanischen Werkzeug gleichzusetzen**. Bei einer Objektsverwechslung durch das Werkzeug handele es sich daher um ein Fehlgehen der Tat. Es läge daher bezüglich des Hintermannes eine *aberratio ictus* vor, ein Vorsatz bezüglich der T würde daher gemäß § 16 I entfallen. M wäre lediglich wegen Versuchs und Fahrlässigkeit zu bestrafen.

bb) Die Gegenansicht differenziert danach, **ob der Hintermann dem Tatmittler die Individualisierung des Opfers überlassen hat oder nicht**. War dies nicht der Fall, so wird eine weisungswidrige Ausführung durch das Werkzeug wie eine *aberratio ictus* behandelt. Hat der Tatmittler dem Werkzeug jedoch die Individualisierung selbst überlassen, so muss er sich die Objektsverwechslung des Werkzeuges wie eine eigene zurechnen lassen, wenn sich diese in den Grenzen des nach allgemeiner Lebenserfahrung Voraussehbaren hält. Im vorliegenden Fall erteilte M Anweisungen bezüglich Art und Zeitpunkt des Todes, überließ jedoch die Individualisierung im Tatzeitpunkt seinen Werkzeugen. Die Objektsverwechslung der Werkzeuge hielt sich in den Grenzen des Voraussehbaren, denn die ausnahmsweise Benutzung eines Pkw durch eine andere Person liegt nicht außerhalb jeglicher Lebenserfahrung. Sie wäre dem M daher wie eine eigene zuzurechnen. Wegen der tatbestandlichen Gleichwertigkeit der Objekte wäre diese unbeachtlich und M daher wegen Tötung in mittelbarer Täterschaft strafbar.

cc) Gegen die zuerst dargestellte Ansicht spricht, dass es relevante Unterschiede zwischen mechanischen und menschlichen Werkzeugen gibt, insbesondere da menschliches Handeln weniger kalkulierbar ist als das Fehlgehen eines mechanischen Werkzeuges. Es ist zudem nicht einzusehen, warum der Hintermann **lediglich wegen Versuchs und Fahrlässigkeit bestraft werden sollte**, während das Werkzeug, welches lediglich die Anweisungen des Tatherrn befolgt und sich dabei irrt, wegen der Vorsatztat bestraft wird. Somit ist der zweiten Ansicht zu folgen.

M hatte Vorsatz bezüglich der Tötung der T.

2. Rechtswidrigkeit und Schuld: M handelte rechtswidrig und schuldhaft.

Ergebnis: M hat sich wegen Tötung in mittelbarer Täterschaft gemäß §§ 212, 25 I Var.2 strafbar gemacht.

Fall 4 und 5

Sachverhalt

D arbeitet seit langer Zeit im Haushalt des M als Diener. Über die Jahre hat er sich unsterblich in die Hausdame F, die Ehefrau des M, verliebt. Diese verschmäht jedoch seine Liebe, da D ihr nicht genug bieten könne.
Eines Abends, als ihr Mann auf Geschäftsreise ist, bittet F den D auf das Haus und das Grundstück aufzupassen, da sie sich zu einem Kegelabend mit ihren Freundinnen treffen möchte. D willigt ein und zieht sich vor den Fernseher zurück.
Nach Einbruch der Dunkelheit sieht er durch das Fenster eine Gestalt G durch ein Loch im Gartenzaun kriechen und sodann auf den Schuppen des Ehepaars im Garten zugehen. D denkt sich, dass er bewusst nicht eingreifen will, um F, die seine Liebe verschmäht hat, eines auszuwischen. In dem Schuppen bewahrt F ihre Utensilien für ihr Hobby als Malerin auf: Staffeleien, Rahmen, Farben und Leinwände im Wert von mehreren hundert Euro.
G bricht mit einem Stemmeisen das Schloss des Schuppens auf, entwendet mehrere Leinwände, Rahmen und Staffeleien und verschwindet sodann wieder durch den Gartenzaun.
D tut so, als habe er nichts bemerkt und sagt F nach ihrer Rückkehr auch nichts.

Fall 4: Wie hat sich G strafbar gemacht?
Fall 5: Wie hat sich D strafbar gemacht?

Hinweis: § 244 I Nr. 1 a (für das Stemmeisen) ist nicht zu prüfen.

Lösung:

A. Strafbarkeit des G

I. Strafbarkeit gemäß § 123 I

G könnte sich eines Hausfriedensbruchs gemäß § 123 I strafbar gemacht haben, indem er durch das Loch im Gartenzaun auf das Grundstück des Ehepaars kletterte.

1. Tatbestand

a) Objektiver Tatbestand

Zunächst müsste es sich bei dem Gartengrundstück um ein befriedetes Besitztum handeln. Ein befriedetes Besitztum liegt vor, wenn eine sichtbare Einhegung vorhanden ist, durch die das Besitztum nur einem eingeschränkten Personenkreis zugänglich ist. Vorliegend besteht eine solche Einhegung durch den Gartenzaun. Durch das Loch im Zaun ist diese Einhegung auch nicht gestört, da eine **vollkommene Umschließung** nach überwiegender Auffassung nicht erforderlich ist.

In dieses Besitztum müsste G ferner eingedrungen sein. **Eindringen ist das Betreten des geschützten Bereiches gegen den Willen des Berechtigten.** G gelangt durch das Loch mit seinem gesamten Körper auf das Grundstück und betritt somit dieses. Fraglich ist jedoch, ob dies gegen den Willen des Berechtigten geschieht, also ein **tatbestandsausschließendes Einverständnis** vorliegt. D, der G beim Eindringen beobachtet, unternimmt nämlich nichts. Die Eheleute als Eigentümer des Grundstückes sind nicht anwesend. Aber sie könnten ihr Hausrecht auf D übertragen haben.

Grundsätzlich kommt es auch nur auf das tatsächliche Vorliegen des Einverständnisses an. D war als „Wachperson" an diesem Abend auch befugt das Hausrecht der Eheleute auszuüben. Das Hausrecht selbst kann zwar nicht übertragen werden, es können aber andere mit der Ausübung dessen beauftragt werden. D hat auch gesehen, dass G ein widerrechtliches Eindringen vorgenommen hat, indem er durch das Loch gekrochen ist. Er war gerade beauftragt, Haus und Grund vor fremder Einwirkung zu schützen. In dem er dies nicht getan hat, hat er die Ausübung des Hausrechts überschritten. Das Nichteinschreiten war von seinem Auftrag nicht gedeckt. Es liegt kein tatbestandsausschließendes Einverständnis des Berechtigten vor.

b) Subjektiver Tatbestand

G wusste auch, dass er in fremdes Besitztum eindringt und wollte dies dennoch. Mithin handelte er auch vorsätzlich.

2. Rechtswidrigkeit und Schuld

G handelte auch rechtswidrig und schuldhaft.

Ergebnis: G hat sich gemäß § 123 I strafbar gemacht. Es ist das Strafantragserfordernis des § 303 c zu beachten.

II. Strafbarkeit gemäß §§ 242 I, 244 I Nr. 3, 243 I Nr. 1

Ferner könnte G sich wegen Wohnungseinbruchsdiebstahls gemäß §§ 242 I, 244 I Nr. 3, 243 I Nr. 1 strafbar gemacht haben, indem er in den Schuppen einbrach und Malutensilien der F entwendete.

1. Tatbestand

a) Objektiver Tatbestand

Dazu müsste G fremde bewegliche Sachen aus dem Schuppen weggenommen haben.

Bei den Malutensilien handelte es sich für G um fremde bewegliche Sachen im Sinne des § 90 BGB, da sie im Alleineigentum der F standen. Diese müsste G weggenommen haben. Wegnahme ist der Bruch fremden und die Begründung neuen, nicht notwendigerweise tätereigenen Gewahrsams. **Gewahrsam ist die vom Herrschaftswillen getragene tatsächliche Sachherrschaft.** Die Sachherrschaft über die Malsachen hat F. F wollte den Gewahrsam an den Sachen auch nicht aufgeben, was schon daraus ersichtlich ist, dass der Schuppen verschlossen war. F ist zwar nicht in ihrem Haus. Es liegt allerdings lediglich eine unbedeutende Gewahrsamlockerung der F vor. G hat den Gewahrsam somit gebrochen. Durch das Mitnehmen der Gegenstände hat er ferner neuen Gewahrsam begründet, da er nun die tatsächliche Sachherrschaft über die Gegenstände innehat.

Fraglich ist auch hier, ob ein **tatbestandsausschließendes Einverständnis** durch die Beobachtung des D vorliegt. Eine Ansicht geht davon aus, dass die Beobachtung eines Diebstahls grundsätzlich den Tatbestand des § 242 entfallen lässt, da dieser nur unter der Voraussetzung der heimlichen Begehung verwirklicht werden kann. Der BGH lehnt diese Ansicht ab, da andernfalls Strafbarkeitslücken entstehen. **Der Diebstahl sei kein „heimliches" Delikt.** Tatbestandlich wird gerade keine heimliche Begehung vorausgesetzt. Eine nachträgliche Beihilfe eines Täters, der den Diebstahl mit angesehen hat, wäre mangels Haupttat nicht mehr möglich. Somit überzeugt es nicht, bei einer Beobachtung den Tatbestand entfallen zu lassen.

G hat den objektiven Tatbestand des § 242 verwirklicht.

Ferner könnte der Qualifikationstatbestand des § 244 I Nr. 3 vorliegen. Dazu müsste es sich bei dem Schuppen um eine Wohnung handeln.

Dies ist dann der Fall, wenn die Räumlichkeit einer oder mehrerer Personen zum ständigen Aufenthalt dient. Sie müssen als Unterkunft geeignet sein, Arbeits- und Geschäftsräume sind nicht geschützt. F bewahrt in dem Schuppen nur ihre Hobbygegenstände auf. Selbst wenn sie ab und zu in dem Schuppen malt, dient dieser nicht als Unterkunft und somit nicht als Wohnung. Der Qualifikationstatbestand liegt somit nicht vor.

b) Subjektiver Tatbestand

Ferner müsste G bezüglich des Diebstahls vorsätzlich gehandelt haben. G wusste, dass es sich bei den Malutensilien um fremde bewegliche Sachen handelt. Dennoch wollte er sie mitnehmen und handelte mithin vorsätzlich.

Ferner müsste G mit Zueignungsabsicht gehandelt haben. Zueignungsabsicht enthält den Vorsatz der dauernden Enteignung und die Absicht der zumindest vorübergehenden Aneignung. **Bezüglich der dauernden Enteignung soll dolus eventualis ausreichen, bezüglich der Aneignung ist dolus directus I. Grades erforderlich**. Enteignung bedeutet die Verdrängung des Opfers aus der faktischen Eigentümerstellung, dieser kann mit seiner Sache nicht mehr wie ein Eigentümer verfahren.

G hat es zumindest billigend in Kauf genommen, dass F ihre Malsachen nicht wiederbekommt und so dauerhaft nicht mit den Sachen tun und lassen kann, was sie will, wie es ihr die faktische Eigentümerstellung ermöglicht. Somit handelte er bezüglich der Enteignung mit erforderlichem Eventualvorsatz. Aneignungsabsicht bedeutet, dass der Täter sich oder einen Dritten in diese faktische Eigentümerstellung bringen will. G wollte mit den Sachen wie ein Eigentümer verfahren, deswegen hat er sie auch mitgenommen. Er wollte sie sich somit selbst zielgerichtet zueignen, so dass diesbezüglich der erforderliche dolus directus 1. Grades vorliegt, zielgerichtetes Wissen und Wollen.

2. Rechtswidrigkeit und Schuld

G handelte auch rechtswidrig und schuldhaft.

3. Besonders schwerer Fall

Ferner könnte ein besonders schwerer Fall nach § 243 I Nr. 1 vorliegen. Dazu müsste es sich bei dem Schuppen um ein Gebäude handeln. Ein solches ist ein durch Wände und Dach begrenztes, mit dem Boden fest verbundenes Bauwerk, das den Eintritt durch Menschen ermöglicht und dem Schutz von Menschen und Sachen dient. Der Schuppen ist durch Wände und Dach begrenzt und zum

Eintritt durch Menschen geeignet. Ob eine feste Verbindung mit dem Boden vorliegt, kann dahinstehen, da andernfalls zumindest der umschlossene Raum einschlägig wäre. Ferner sollen die Hobbysachen von F durch den Schuppen vor unberechtigtem Zugriff geschützt werden. Daher ist dieser auch verschlossen.

In diesen müsste G eingebrochen sein. Einbrechen ist die gewaltsame Beseitigung einer Umschließung. Die Umschließung ist vorliegend das Schloss, das G gewaltsam geöffnet haben müsste. Gewaltsam ist eine Öffnung, wenn dazu die Aufwendung nicht unerheblicher körperlicher Kraft erforderlich ist oder die Verletzung der Substanz der Verschließung.

G hat mit einem Stemmeisen das Schloss aufgebrochen und somit die Umschließung in ihrer Substanz zerstört und unbrauchbar gemacht. Damit hat er sie gewaltsam geöffnet.
G wusste auch, dass er unter Aufbrechen des Schlosses unberechtigt in den Raum einbricht. Dennoch wollte er es und handelte mithin vorsätzlich. Ferner liegt auch keine geringwertige Sache nach § 243 II vor, da die gestohlenen Sachen mehr als 25 Euro (Sachverhalt: mehrere Hundert Euro) wert sind. Es liegt ein besonders schwerer Fall nach § 243 I Nr. 1 vor.

Ergebnis: G hat sich wegen Diebstahls in einem besonders schweren Fall gemäß §§ 242 I, 243 I Nr. 1 strafbar gemacht.

III. Strafbarkeit gemäß § 123 I (bezüglich Schuppen)

Der durch das Einsteigen in den Schuppen ebenfalls verwirklichte § 123 tritt im Wege der Gesetzeskonkurrenz hinter § 243 I Nr. 1 zurück.

IV. Strafbarkeit gemäß § 303 I

Ferner könnte G sich wegen Sachbeschädigung gemäß § 303 I strafbar gemacht haben, indem er mit einem Stemmeisen das Schloss aufbrach.

1. Tatbestand

a) Objektiver Tatbestand

Bei dem Schloss handelt es sich um für G fremdes Eigentum. Dieses hat G durch das Stemmeisen auch beschädigt.

b) Subjektiver Tatbestand
G wusste, dass er fremdes Eigentum beschädigt und wollte dies auch. Er handelte mithin vorsätzlich.

2. Rechtswidrigkeit und Schuld
G handelte auch rechtswidrig und schuldhaft.

Ergebnis: G hat sich gemäß § 303 I strafbar gemacht. Es ist das Strafantragserfordernis des § 303 c zu beachten.

B. Strafbarkeit des D

I. Strafbarkeit gemäß §§ 242 I, 243 I Nr. 1, 25 II
Eine mittäterschaftliche Begehung durch G und D scheidet aus, da es an einem gemeinsamen Tatplan und kollusivem Zusammenwirken, einem „Unrechtspakt", fehlt.

II. Strafbarkeit gemäß §§ 242 I, 243 I Nr. 1, 27
Auch eine Beihilfe zum Diebstahl des G scheidet aus, da D gar keinen Gehilfenbeitrag, nicht einmal eine psychische Beihilfe geleistet hat. G wusste nicht einmal, dass D da ist.

III. Strafbarkeit gemäß §§ 242 I, 243 I Nr. 1, 27, 13
D könnte sich aber wegen Beihilfe zu einem Diebstahl in einem besonders schweren Fall durch Unterlassen gemäß §§ 242 I, 243 I Nr. 1, 27, 13 strafbar gemacht haben, indem er den G nicht davon abhielt, den Schuppen leer zu räumen.

1. Vorprüfung
Zunächst ist zu untersuchen, ob es sich vorliegend um Beihilfe durch Unterlassen oder Täterschaft durch Unterlassen handelt. Dies wird in Literatur und Rechtsprechung unterschiedlich bewertet.

a) Ansicht des BGH
Der BGH geht davon aus, dass mehrere Personen denselben strafrechtlichen Erfolg auf unterschiedliche Weise herbeiführen können, durch verbotenes Tun oder durch pflichtwidriges Unterlassen, je nach innerer Haltung zur Tat und zum Taterfolg. Dies entspricht der animus-Formel des BGH.

Vorliegend hat G den D jedoch nicht einmal gesehen. Er konnte nicht einmal durch ein Nicken oder Handzeichen die Tat bestätigen, sondern hat einfach gar nichts getan. D hatte keine innere Willensrichtung zu dem Taterfolg. Zur Tatbestandsverwirklichung hat er nichts beigetragen, so dass dies höchstens einem animus socii, nicht einem animus auctoris entspricht. Somit liegt nach dem BGH und der animus-Formel lediglich ein Gehilfenbeitrag vor, es kommt Beihilfe durch Unterlassen in Betracht.

b) Tatherrschaftslehre

Nach der Tatherrschaftslehre muss danach differenziert werden, bei wem Entschließung zur Tatausführung und Tatherrschaft liegt. D war zur Tatausführung nicht entschlossen. Er hatte auch keine Tatherrschaft. Somit liegt auch nach dieser Ansicht keine Tatherrschaft und damit nur ein eventueller Gehilfenbeitrag vor.

c) Tätertheorie

Nach dieser Ansicht wird Täterschaft und Teilnahme nicht unterschieden. Es kommt alleine auf die Rechtspflicht zum Handeln an. Diese Rechtspflicht zum Handeln beschreibt die erforderliche Garantenstellung aus § 13. Garantenstellung bedeutet die rechtliche Verpflichtung, eine Rechtsgutbeeinträchtigung zu verhindern. Dabei wird zwischen Beschützer- und Überwachergaranten unterschieden. Beschützergaranten sind Personen, die eine Obhutspflicht für ein bestimmtes Rechtsgut innehaben, also sie für die Sicherheit dieses Gutes sorgen müssen. Dazu gehören Pflichten innerhalb der Familie und anderer Lebens- und Gefahrengemeinschaften und freiwillig übernommene Pflichten.

Überwachergaranten sind Personen, denen aufgrund ihrer Verantwortlichkeit für Gefahrenquellen Sicherungspflichten gegenüber jedermann obliegen. Dazu gehören Verkehrssicherungspflichten, die Pflicht zur Beaufsichtigung Dritter, Ingerenz. Wichtig für diese Theorie ist alleine, dass irgendeine Garantenstellung, gleichgültig welcher Form, vorliegt. Der Garant, der den Täter nicht hindert, ist danach stets Täter. D müsste somit eine Garantenstellung haben. D hat einen Arbeitsvertrag im Haus des Ehepaares. Er ist beauftragt, an dem Abend aufzupassen, dass nichts geschieht. Diese Aufgabe hat er auch übernommen. Damit hat er eine Verpflichtung übernommen, das Rechtsgut Eigentum, Haus und Grundstück der Eheleute, vor Gefahren von außen zu beschützen. Damit ist D garantenpflichtig als Beschützergarant. Nach dieser Theorie würde es sich wegen des Vorliegens der Garantenstellung um Täterschaft durch Unterlassen handeln.

d) Teilnahmetheorie

Nach der Teilnahmetheorie wird nur unterschieden, ob eine Garantenstellung vorliegt oder nicht. Liegt eine Garantenstellung vor, ist der unterlassende Garant immer Gehilfe, da der Unterlassende immer nur mittelbar beteiligt ist. Dies entspreche nicht einer täterschaftlichen Begehung. Vorliegend hat der D, wie bereits dargestellt, eine Garantenstellung als Beschützergarant, weil er die Beaufsichtigung von Haus und Grund übernommen hat. Somit würde Beihilfe durch Unterlassen in Betracht kommen.

e) Differenzierende Theorie

Diese Ansicht unterscheidet danach, ob ein Beschützer- oder ein Überwachergarant vorliegt. Beschützergaranten sollen täterschaftlich und Überwachergaranten als Gehilfen auftreten. Beschützergaranten müssen aktiv aufpassen, dass das Rechtsgut geschützt ist, während Überwachergaranten lediglich auf eine Gefahrenquelle aufpassen müssen. Vorliegend ergibt sich die Garantenstellung des D, wie bereits dargestellt, aus der Bereitschaft, auf Haus und Grund aufzupassen. Dies entspricht einem Beschützergaranten. Somit kommt Täterschaft durch Unterlassen in Betracht.

f) Stellungnahme

Da die Ansichten zu unterschiedlichen Ergebnissen kommen, ist eine Stellungnahme erforderlich.

Grundsätzlich ist zu entscheiden, nach **welchen Kriterien Täterschaft und Teilnahme abgegrenzt werden**. Für das Unterlassen ist zwar die Garantenstellung erforderlich, dies ergibt sich schon aus dem Gesetz. Aber es ist nicht ersichtlich, warum überhaupt in Beschützer- und Überwachergaranten so folgenschwer unterschieden werden sollen, wie dies die differenzierende Theorie tut, da gesetzlich für beide Formen die gleiche Rechtsfolge, nämlich eine Garantenstellung folgt. Auch ist die Gefahr für das Rechtsgut bei Nichthandeln des Garanten stets die Gleiche, so dass sich eine Differenzierung nicht begründen lässt.

Eine dogmatische Unterscheidung für Täterschaft oder Teilnahme lässt sich daraus nicht entnehmen, zumal sich die Garantenstellungen auch überschneiden können und sowohl eine Stellung als Beschützer- als auch Überwachergarant in einer Person vorliegen kann. Daher ist die differenzierende Ansicht abzulehnen, sie beachtet den Einzelfall zu wenig und ist dogmatisch nicht zu begründen.

Gleiches gilt für die Tätertheorie und Teilnahmetheorie. Auch diese Theorien verallgemeinern zu sehr und berücksichtigen den Einzelfall nicht. Das Kriterium für Täterschaft oder Teilnahme alleine von der Garantenstellung abhängig zu machen, ist nicht überzeugend, da dies nicht die Stellung des Täters zu der Tat und sein Interesse am Taterfolg berücksichtigt. Diese Motive stellen aber gerade den Unrechtsgehalt der Tat dar, während die Garantenstellung unabhängig von der Tat besteht oder nicht. Genau diese Motive berücksichtigen die animus- Theorie und die Tatherrschaftslehre. Hier wird der Einzelfall berücksichtigt und die persönliche Stellung des Täters zu der Tat. Beide Theorien kommen vorliegend zu einem Fall der Beihilfe durch Unterlassen. Dieser Überzeugung ist zu folgen. Da die beiden Ansichten zu dem gleichen Ergebnis kommen, ist zwischen ihnen Ansichten eine Entscheidung entbehrlich.

2. Tatbestand

a) Objektiver Tatbestand

Zunächst müsste eine fremde rechtswidrige Haupttat nach §§ 242, 243 vorliegen.

Wie bereits dargestellt, liegt eine fremde rechtswidrige Haupttat des G nach §§ 242 I, 243 I Nr. 1 vor. Zu dieser müsste D Hilfe geleistet haben, § 27. Unter Hilfeleisten versteht man jede Förderung der Haupttat. Hilfeleisten kann physischer oder psychischer Art sein. Fraglich ist, ob das Nichtstun als Gehilfenbeitrag ausreicht, es stellt jedenfalls keine physische Beihilfe dar, da D dazu hätte aktiv werden müssen.

Nach der **Förderungstheorie** reicht jedes Tun aus, dass die Haupttat irgendwie fördert. Eine Kausalität für die Haupttat ist nicht erforderlich. Somit würde auch das Nichtabhalten des G, das dessen Tat fördert, für einen Gehilfenbeitrag ausreichen.

Nach der **Mitverursachungstheorie** muss der Gehilfenbeitrag für den Taterfolg kausal werden. Nur so wird Mitwirkung an fremdem Unrecht verwirklicht. Allerdings reicht auch ein Erleichtern der Tat aus. Dass die Tat vielleicht auch so hätte begangen werden können, darf nicht berücksichtigt werden. Ob das Eingreifen die Tat verhindert hätte, ist nicht zu ermitteln. Das Nichteingreifen des D hat die Tat des G zumindest erleichtert. Somit liegt ein kausaler Beitrag des D durch das Nichtstun vor.

Nach der **Risikoerhöhungslehre** schließlich liegt ein Gehilfenbeitrag vor, wenn dadurch eine Risikoerhöhung für das gefährdete Rechtsgut eingetreten ist. Vorliegend ist durch das Nichtstun die Rechtsgutgefährdung zumindest noch erhöht worden. Durch Hilfeholen oder eigenes Eingreifen hätte das Rechtsgut eventuell beschützt werden können. Damit liegt auch nach dieser Ansicht ein ausreichender Gehilfenbeitrag vor. Da alle Ansichten zum gleichen Ergebnis kommen, ist eine Stellungnahme entbehrlich.

Ferner müsste G für den Nichteintritt des Erfolges rechtlich einzustehen haben, § 13. Wie dargestellt, ergibt sich die Garantenstellung des D aus der Verpflichtung von Haus und Grund der Eheleute zu überwachen.

b) Subjektiver Tatbestand

D müsste mit doppeltem **Gehilfenvorsatz**, also mit Vorsatz bezüglich der fremden Haupttat **und** mit Vorsatz bezüglich der eigenen Hilfeleistung, gehandelt haben. D wusste, dass G eine Straftat begeht. Dies wollte er dennoch. Ferner wusste er, dass er durch das Nichteingreifen G hilft. Er wusste auch, dass er aufpassen sollte und daher eine Garantenstellung hatte. Somit handelte er insgesamt mit **doppeltem** Gehilfenvorsatz.
Ferner müsste D mit **Zueignungsabsicht** gehandelt haben, Zueignungsabsicht des Täters ist die zielgerichtete Absicht, die Sache sich oder einem Dritten rechtswidrig einzuverleiben. D will jedenfalls zielgerichtet, dolus directus I. Grades, dass G sich die Utensilien mitnimmt. Damit liegt eine Zueignungsabsicht vor.

3. Rechtswidrigkeit und Schuld

D handelte auch rechtswidrig und schuldhaft.

Ergebnis: D hat sich gemäß §§ 242 I, 243 I Nr. 1, 27, 13 strafbar gemacht. Die Strafe ist nach § 49 I zu mildern.

IV. Strafbarkeit gemäß §§ 123 I, 27, 13

Durch das Nichteingreifen hat D sich wegen Beihilfe zum Hausfriedensbruch durch Unterlassen gemäß §§ 123 I, 27, 13 strafbar gemacht, indem er G nicht davon abhielt, durch den Zaun zu kriechen.

V. Strafbarkeit gemäß §§ 303 I, 27, 13

Durch das Nichteingreifen hat D sich wegen Beihilfe zur Sachbeschädigung durch Unterlassen gemäß §§ 303 I, 27, 13 strafbar gemacht, indem er G nicht davon abhielt, mit einem Stemmeisen das Schloss aufzubrechen.

VI. Gesamtergebnis/Konkurrenzen

G hat sich eines Hausfriedensbruchs, eines Diebstahls in einem besonders schweren Fall sowie einer Sachbeschädigung strafbar gemacht. Er ist strafbar gemäß §§ 123 I; 242 I, 243 I Nr. 1; 303 I. § 123 steht in Tatmehrheit, § 53 I, zu §§ 242 I, 243 I Nr. 1 und 303 I, die in Tateinheit zueinander stehen, § 52 I.

D hat sich der Beihilfe durch Unterlassen zum Hausfriedensbruch, zum Diebstahl in einem besonders schweren Fall sowie zur Sachbeschädigung strafbar gemacht. Er ist strafbar nach §§ 123 I, 27, 13; 242 I, 243 I Nr. 1, 27, 13; 303 I, 27, 13. Die Delikte stehen in Tateinheit zueinander, da sie durch dieselbe Handlung, das Beobachten und Nichteingreifen, begangen wurden, § 52 I.

Fall 6

Sachverhalt

Polizist P will seinem Erzfeind E eine Lektion erteilen. Dazu plant er, dafür zu sorgen, dass er zu einem Einsatz bei E alarmiert wird, um dann E ein bisschen zuhause zu verprügeln. Denn schließlich würde keiner E glauben, dass der Polizist ihn verprügelt hat. Ausnutzen will er zudem sein Wissen, dass E eine übermäßige Angst vor Einbrechern hat.
Deshalb bittet P seinen Freund F, doch bei E vorbei zu gehen, wenn er (P) wieder Schicht hat. Er soll ein paar Mal gegen die Haustür treten und dann durch das Blumenbeet das Grundstück verlassen. Kaputt gehen soll dabei aber nichts. Als F fragt, welchen Sinn das habe, schweigt P.
Gesagt, getan. Ein paar Tage später führt F den kleinen Freundschaftsdienst aus und denkt sich nichts dabei. Als E die Geräusche an der Haustür hört und dann auch noch die Fußspuren im Blumenbeet sieht, ruft er panisch die Polizei.
Die Leitstelle alarmiert daraufhin P. Da der Kollege des P krank ist, fährt der Jurastudent J als Praktikant mit ihm zur Einsatzstelle. Auf der Fahrt erzählt P dem J von seinem kleinen Plan. Daraufhin empfiehlt J dem P, doch lieber dem E etwas Abführmittel in den Kaffee zu schütten. Das sei nicht so auffällig. P hält das für eine gute Idee. An der Einsatzstelle lässt er J sicherheitshalber im Polizeiauto sitzen und geht allein ins Haus des E. Er schaut sich dort etwas um und schüttet in einem unbemerkten Moment ein Abführmittel in die Kaffeekanne des E. Nachdem P sich noch etwas weiter im Haus umgesehen hat, empfiehlt er diesem noch die Terrassentür zu schließen, damit nicht fremde Leute ins Haus kommen und fährt zur Wache zurück.
E muss sich erst einmal von dem Schock erholen und setzt sich mit dem Kaffee aufs Sofa. Nachdem er ein paar Tassen getrunken hat, bekommt er eine Weile später heftige Bauchschmerzen. Er muss ständig auf die Toilette und kann sich nicht erklären, warum. Erst nach zwei Tagen klingen die Symptome ab.

Wie haben sich P und J strafbar gemacht? (Hausfriedensbruch und Anstiftung dazu sind nicht zu prüfen.)

Zusatzfrage (Strafprozessrecht):
Weshalb sind folgende Fragen an einen Zeugen unzulässig? (1) „Glauben Sie, dass der Angeklagte die Wahrheit sagt?“ (2) „Schlägt der Angeklagte seine Frau immer noch?“ (3) „Aber Sie erkennen doch den Angeklagten als Täter wieder?“

Lösung:

A. Strafbarkeit des P

I. Strafbarkeit gemäß §§ 340 I, III, 224 I Nr. 1, 3

P könnte sich wegen gefährlicher Körperverletzung im Amt gemäß §§ 340 I, III, 224 I Nr. 1, 3 strafbar gemacht haben, indem er E ein Abführmittel in den Kaffee gegeben hat, nach dessen Einnahme E heftige Bauchschmerzen erlitten hat.

1. Tatbestand des Grunddelikts (§ 223 I)

a) objektiver Tatbestand

Zuerst müsste P das Grunddelikt des § 223 I, also eine Körperverletzung, begangen haben. Das setzt die Verwirklichung entweder einer körperlichen Misshandlung oder einer Gesundheitsschädigung voraus. **Körperliche Misshandlung** ist eine üble, unangemessene Behandlung, die entweder das körperliche Wohlbefinden oder die körperliche Unversehrtheit nicht nur unerheblich beeinträchtigt. Eine Gesundheitsbeschädigung liegt vor, wenn ein pathologischer Zustand hervorgerufen oder gesteigert wird.

Durch das Schütten des Abführmittels in den Kaffee hat P alles getan, was nach seiner Ansicht notwendig war. **Jedoch war zum Erfolgseintritt ein weiterer wesentlicher Zwischenschritt, nämlich des Trinken des Kaffees, notwendig.** Solche Fälle weisen eine der mittelbaren Täterschaft verwandte Struktur auf, bei dem das Opfer zum Werkzeug seiner eigenen Tötung gemacht wird. Nach der h.M. erfolgt hier allerdings **kein genereller Rückgriff auf die Grundsätze der mittelbaren Täterschaft**, da der Täter eigenhändig Handlungen vornimmt und somit unmittelbarer Täter ist.[6]

Durch die nicht indizierte Einnahme eines Abführmittels und die dadurch hervorgerufenen Bauchschmerzen wurde ein behandlungsbedürftiger Zustand herbeigeführt.

Zugleich hat P den E einer **üblen, unangemessenen Behandlung** unterzogen, indem er ihm das Abführmittel in den Kaffee gegeben hat. Etwas anderes könnte sich daraus ergeben, dass E sich durch das Trinken des Kaffees eigenverantwortlich selbst gefährdet hat, so dass der objektive Zurechnungs-zusammenhang durchbrochen wäre. Zwar hat E sich durch das Trinken des

6 „Giftfalle“ BGH,NJW 97, 3453

Kaffees selbst geschädigt, doch wusste er nichts von dem Abführmittel, so dass P kraft überlegenen Wissens der Körperverletzungserfolg zurechenbar ist.
Der objektive Tatbestand liegt somit vor.

b) P handelte mit Wissen und Wollen hinsichtlich der Verwirklichung des Tatbestands des § 223 I, also vorsätzlich.

2. Tatbestand der Qualifikation (§ 224 I Nr. 1, 3)
Die Körperverletzung könnte gemäß § 224 I Nr. 1, 3 qualifiziert sein.

a) Qualifikation gemäß § 224 I Nr. 1
P könnte durch das Anwenden des Abführmittels eine Körperverletzung durch Beibringung eines gesundheitsschädlichen Stoffs oder Gifts begangen haben. Dabei handelt es sich um Stoffe, die im konkreten Fall geeignet sind, ernsthafte Gesundheitsschädigungen hervorzurufen. Die Gabe eines nicht indizierten Medikaments, hier eines Abführmittels, kann beim Gesunden zu erheblichen Nebenwirkungen, also Gesundheitsschädigungen führen. Dadurch, dass P dafür sorgte, dass E das Abführmittel auch schlucken würde, hat er es beigebracht. Deshalb ist § 224 I Nr. 1 objektiv verwirklicht.

b) Qualifikation gemäß § 224 I Nr. 3
P könnte die Körperverletzung weiterhin mittels eines hinterlistigen Überfalls begangen haben. Ein Überfall ist ein Angriff, dessen sich das Opfer nicht versieht und auf den es sich nicht vorbereiten kann. Wegen der heimlichen Gabe des Abführmittels konnte E sich nicht vor der Körperverletzung schützen. Mithin handelt es sich um eine Begehung mittels eines hinterlistigen Überfalls.

c) subjektiver Qualifikationstatbestand
P handelte mit Wissen und Wollen hinsichtlich der Tatumstände, die zur Qualifizierung der Körperverletzung führen. Also hatte er auch diesbezüglich Vorsatz.

3. Tatbestand der Qualifikation (§ 340 I, III)
P könnte darüber hinaus die gefährliche Körperverletzung im Amt begangen haben.

a) Amtsträger
Als Polizist ist P Amtsträger im Sinne des § 11 I Nr. 2.

b) während der Ausübung seines Dienstes
P müsste die Körperverletzung während der Ausübung seines Dienstes, also in einer Zeit begangen haben, in der er befugt als Amtsträger tätig ist. Da P während seiner Schicht im Rahmen eines Einsatzes die Tat begangen hat, handelte er auch während der Ausübung seines Dienstes.

c) P handelte vorsätzlich hinsichtlich der objektiven Tatumstände des § 340.

2. Rechtswidrigkeit und Schuld: P handelte rechtswidrig und schuldhaft.

Ergebnis: P hat sich mit der Gabe des Abführmittels wegen gefährlicher Körperverletzung im Amt gemäß §§ 224 I Nr. 1, 3, 340 I, III strafbar gemacht.

B. Strafbarkeit des J

I. Strafbarkeit gemäß §§ 224 I Nr. 1, 3, 340 I, III, 26
J könnte sich wegen Anstiftung zur gefährlichen Körperverletzung im Amt gemäß §§ 224 I Nr. 1, 3, 340 I, III, 26 strafbar gemacht haben, indem er P empfohlen hat, die Körperverletzung an E nicht durch Verprügeln, sondern durch Gabe eines Abführmittels zu begehen.

1. Tatbestand
a) objektiver Tatbestand
Zuerst müsste eine vorsätzliche, rechtswidrige Tat im Sinne des § 11 I Nr. 5 vorliegen. Als solche kommt die von P begangene gefährliche Körperverletzung im Amt in Betracht.

aa) Tatbestandsverschiebung
Allerdings könnte es hier zu einer Tatbestandsverschiebung **aufgrund gelockerter Akzessorietät gemäß § 28** kommen.

aaa) Dazu müssten zuerst **besondere persönliche Merkmale** vorliegen. Besondere persönliche Merkmale umfassen nach der Legaldefinition des § 14 besondere persönliche Eigenschaften, Verhältnisse oder Umstände. Die Amtsträgereigenschaft stellt ein solches besonderes persönliches Merkmal da, weil sie auf einem besonderen Dienstverhältnis beruht.

bbb) Fraglich ist sodann, ob I oder II des § 28 einschlägig ist. Das hängt davon ab, ob § 340 die Strafbarkeit begründet oder schärft, bzw. mildert oder ausschließt. Als Qualifikation des § 223 I schärft § 340 die Strafbarkeit, so dass nach § 28 II das Merkmal nur für den gilt, bei dem es vorliegt. **Da J als Jurastudent kein Amtsträger ist, gilt § 340 nicht für ihn, sondern nur § 223, bzw. in qualifizierter Form auch § 224.** Da die Tatbestandsverschiebung aufgrund des identischen Strafmaßes von § 224 und §§ 340 I, III, 224 zu keinen praktischen Veränderungen führt, wird die Anwendbarkeit von § 28 II zum Teil abgelehnt.

bb) Anstiftung

J müsste P darüber hinaus auch zur Tat angestiftet haben. Anstiften ist das Hervorrufen des Tatentschlusses im Täter. P hatte bereits vor, eine Körperverletzung durch Verprügeln des E zu begehen. Deshalb könnte er als omnimodo facturus, also als zur Tat bereits fest Entschlossener, einzustufen sein, der nicht mehr angestiftet werden kann. Allerdings hat J den P dazu bewogen, auch die Qualifikation zu verwirklichen. Deshalb stellt sich die umstrittene Frage, ob und inwieweit das sog. „Hochstiften" als Anstiftungshandlung gewertet werden kann.

aaa) Eine Ansicht möchte dem „**analytischen Trennungsprinzip**" folgend den Teilnehmer nur hinsichtlich der Tatbestandsteile als Anstifter behandeln, zu deren Verwirklichung der Täter noch nicht entschlossen war. Dies ist jedoch nur möglich bei Delikten, die sich aus mehreren anderen additiv zusammensetzen.[7] Bei der gefährlichen Körperverletzung ist eine Trennung der Tatbestandsmerkmale nicht möglich, so dass hiernach eine Bestrafung des J nur wegen Beihilfe zur gefährlichen Körperverletzung in Betracht käme.

bbb) Eine andere Ansicht verlangt für die Annahme einer Anstiftung, dass der zum Grunddelikt Entschlossene **dazu bestimmt wird, eine Qualifikation des Grunddelikts zu verwirklichen**. Da J den P zu einer qualifizierten Körperverletzung „hochgestiftet" hat, wäre er wegen Anstiftung zur gefährlichen Körperverletzung zu bestrafen.

ccc) Die Rechtsprechung und Teile der Literatur legen eine „**synthetische Konzeption**" zugrunde, d.h. es wird darauf abgestellt, ob die Tat, zu der der Täter ursprünglich entschlossen war und das Mehr, zu dem er **hochgestiftet**

---

[7] z.B. Raub (§ 249), der alle Tatbestandsmerkmale des Diebstahls (§ 242) und der Nötigung (§ 240) miteinander verknüpft.

wurde, zusammen einen höheren Unwertsgehalt tragen als das ursprünglich geplante Delikt alleine. Dabei ist es nicht notwendig, dass sich der erhöhte Unwertsgehalt in der Verwirklichung eines Qualifikationstatbestandes manifestiert, sondern es reicht, wenn innerhalb desselben Tatbestandes die Tatschwere intensiviert wurde. Auch hiernach wäre J wegen Anstiftung zur gefährlichen Körperverletzung zu bestrafen.

ddd) Aufgrund der zum Teil unterschiedlichen Ergebnisse ist ein Streitentscheid zu treffen. Die analytische Konzeption will vermeiden, dass der Anstifter Unrechtselemente zu verantworten hat, zu denen er den Täter nicht bestimmt hat. Dabei verkennt sie, dass durch die Kombination von Deliktselementen, die sich auch in mehreren anderen Tatbeständen wieder finden, mehr als die Summe der Delikte entsteht, nämlich ein insgesamt anderes Unrecht. Bezüglich dieses neuen Unrechts ist der Haupttäter auch nicht **omnimodo facturus**, da er diese konkrete Tat nicht vorgesehen hatte. Folglich ist die analytische Konzeption abzulehnen. Ein Entscheid zwischen den beiden anderen Ansichten kann mangels gegensätzlicher Lösungen im vorliegenden Fall dahinstehen. J hat jedenfalls eine Anstiftungshandlung zur gefährlichen Körperverletzung begangen.

b) subjektiver Tatbestand

J müsste auch mit doppeltem Anstiftervorsatz, also mit Wissen und Wollen hinsichtlich Anstiftungshandlung und Haupttaterfolg gehandelt haben. J handelte vorsätzlich hinsichtlich beider Elemente.

2. Rechtswidrigkeit und Schuld: J handelte rechtswidrig und schuldhaft.

Ergebnis: J hat sich wegen Anstiftung zur gefährlichen Körperverletzung gemäß §§ 224 I Nr. 1, 3, 26 strafbar gemacht.

Zusatzfrage (Strafprozessrecht):

(1) ist eine Frage nach einem Werturteil. Zeugen aber sollen die Wahrheit über Tatsachen sagen. (2) ist eine Fangfrage. Egal, ob man mit „Ja“ oder „Nein“ antwortet, der Angeklagte wird belastet. Bei (3) handelt es sich um eine Suggestivfrage. Nach § 241 II StPO kann der Vorsitzende ungeeignete Fragen zurückweisen. Lesen Sie bei Interesse das Richter-Skript zum Strafprozessrecht.

Fall 7

Sachverhalt

Der Schüler S, der das Abitur nicht bestanden hat, möchte sich dafür an seinen Lehrern rächen und begibt sich daher bewaffnet zu seinem Schulgebäude. Zunächst begegnet er dort seinem Deutschlehrer D, dem er die Schuld an seinem Versagen gibt. Er zielt daher mit einer Schusswaffe auf diesen und drückt ab. Der Schuss geht jedoch daneben und trifft anstelle des D, der die Flucht ergreift, den Hausmeister H. Dieser bricht röchelnd zusammen. Erschrocken über diesen Verlauf stillt S die Blutungen des H und verlässt diesen erst, als er sieht, dass er ihn nicht tödlich verwundet hat. H überlebt die Verletzung.

Wie hat S sich strafbar gemacht?

Zusatzfrage (Strafprozessrecht):
Was ist eine „Privatklage"? Weshalb wird die Privatklage so selten erhoben?

Lösung:

I. Strafbarkeit gemäß §§ 212, 211, 22, 23 I (an H)
S könnte sich durch den Schuss und die Verletzung des H wegen versuchten Mordes gemäß § 212, 211, 22, 23 strafbar gemacht haben.

1. Nichtvollendung und Strafbarkeit des Versuchs
Der objektive Unrechtstatbestand dürfte nicht oder nicht vollständig erfüllt sein. H überlebte die ihm zugefügten Verletzungen, der Tod eines Menschen ist also nicht eingetreten. Somit liegt Nichtvollendung vor.
Der versuchte Mord ist gemäß §§ 211,12, 23 I strafbar.

2. Tatentschluss
S müsste mit Tatentschluss gehandelt haben. Tatentschluss liegt vor, wenn der Täter vorsätzlich bezüglich aller objektiven Tatbestandsmerkmale handelte und auch alle besonderen subjektiven Tatbestandsmerkmale gegeben sind.

Fraglich ist jedoch, wie es sich auswirkt, dass S im vorliegenden Fall auf D und nicht auf H zielte. Er könnte in einem Tatumstandsirrtum nach § 16 I gehandelt haben, so dass sein Vorsatz entfiele. Zunächst ist ein Fehlgehen der Tat, so genannte *aberratio ictus*, abzugrenzen vom Irrtum über das Handlungsobjekt, dem so genannten *error in persona vel objecto*. Bei einem *error in persona* unterliegt der Täter einer Fehlvorstellung bezüglich der Identität des Tatobjekts, während bei der *aberratio ictus* die gewollte Verletzung am anvisierten Zielobjekt ausbleibt und ein nicht gewollter Verletzungserfolg an einem Zweitobjekt eintritt. Da S auf D zielte, jedoch H traf, liegt im vorliegenden Fall eine *aberratio ictus* vor. Fraglich ist, wie eine solche bei tatbestandlicher Gleichwertigkeit der Objekte zu behandeln ist.

a) Nach einer Ansicht ist **die *aberratio ictus* bei tatbestandlicher Gleichwertigkeit der Objekte unbeachtlich**, genau wie der *error in persona*, es liegt also kein Tatumstandsirrtum nach § 16 vor. Dies wird damit begründet, dass es dem Täter darauf ankam, einen Menschen zu treffen, und er dies auch getan habe. Eine Strafbarkeit des S wegen versuchten Mordes an H käme nach dieser Ansicht in Betracht.

b) Nach der Gegenansicht liegt in solchen Fällen **ein Tatumstandsirrtum gemäß § 16 I vor**. Der Täter ist bezüglich des anvisierten Objekts daher lediglich wegen Versuchs zu bestrafen und bezüglich des getroffenen wegen Fahrlässigkeit. Vorsatz habe der Täter nur im Hinblick auf die von ihm anvisierte Person. Danach käme eine Strafbarkeit wegen versuchten Mordes an H nicht in Betracht.

c) Ein generelles Abstellen auf die Gattung „Mensch“, wie dies die zuerst dargestellte Ansicht tut, vermag nicht zu überzeugen, insbesondere da sie sich über den individualisierten Tötungsvorsatz des Täters hinwegsetzt. Somit ist die zweite Ansicht vorzuziehen.

Ergebnis: Folglich kommt bezüglich der Verletzung des H lediglich eine Fahrlässigkeitstat in Betracht. Somit kann kein Tatentschluss vorliegen, ein versuchter Mord an H gemäß §§ 212, 211, 22, 23 I liegt somit nicht vor.

II. Strafbarkeit gemäß §§ 212, 211, 22, 23 I (an D)

S könnte sich durch den Schuss wegen versuchten Mordes an D gemäß §§ 212, 211, 22, 23 strafbar gemacht haben.

1. Nichtvollendung und Strafbarkeit des Versuchs

D wurde nicht getroffen, somit liegt Nichtvollendung vor. Der versuchte Mord ist strafbar (s.o.).

2. Tatbestand

a) Tatentschluss

S hätte mit Tatentschluss (s.o.) handeln müssen. Er wollte D töten; somit handelte er vorsätzlich. Des Weiteren müsste er vorsätzlich bezüglich der Verwirklichung eines Mordmerkmals des § 211 gehandelt haben. S wollte D aus Rache für sein verpatztes Abitur töten. Dies könnte einen niedrigen Beweggrund darstellen. Niedrige Beweggründe sind solche, die sittlich und moralisch auf tiefster Stufe stehen und geradezu verachtenswert sind. Nach der ständigen Rechtsprechung des BGH ist hierzu auch die Rachsucht zu zählen. Folglich umschloss der Tatentschluss des S auch ein Mordmerkmal im Sinne des § 211.

b) Unmittelbares Ansetzen

S hätte zur Verwirklichung der Tat unmittelbar ansetzen müssen, § 22. Unmittelbares Ansetzen liegt vor, wenn der Täter **subjektiv die Schwelle zum „jetzt geht`s los" überschritten hat**; das ist dann der Fall, wenn er Handlungen vorgenommen hat die nach seiner Vorstellung vom Tatablauf ohne weitere wesentliche Zwischenschritte in die Tatbestandsverwirklichung einmünden sollen oder in unmittelbarem räumlichen und zeitlichen Zusammenhang mit ihr stehen, so dass das Angriffsobjekt aus der Sicht des Täters konkret gefährdet scheint. Hat der Täter bereits mit seiner tatbestandlichen Ausführungshandlung begonnen, so ist ein unmittelbares Ansetzen unproblematisch zu bejahen (sog. **Teilverwirklichung**). S hat bereits einen Schuss abgefeuert, er hat also die tatbestandliche Handlung bereits vorgenommen, so dass ein unmittelbares Ansetzen gegeben ist.

3. Rechtswidrigkeit / Schuld: S handelte rechtswidrig und schuldhaft.

4. Persönlicher Strafaufhebungsgrund

S könnte gemäß § 24 strafbefreiend vom versuchten Mord zurückgetreten sein. Ein Rücktritt kommt nur in Betracht, wenn kein fehlgeschlagener Versuch vorliegt. Ein fehlgeschlagener Versuch liegt vor, wenn der Täter aus seiner Sicht den Erfolgseintritt in unmittelbaren räumlichen oder zeitlichen Zusammenhang nicht mehr herbeiführen kann. Da D nach dem Schuss die Flucht ergreift, kann S nicht unmittelbar erneut auf ihn feuern. Somit liegt ein fehlgeschlagener Versuch vor und S ist nicht strafbefreiend zurückgetreten.

Ergebnis: Somit hat S sich wegen versuchten Mordes an D gemäß §§ 212, 211, 22, 23 I strafbar gemacht.

III. Strafbarkeit gemäß §§ 223, 224 I 2 (an H)
S hat sich wegen einer vorsätzlichen Körperverletzung an D gemäß §§ 223, 224 I 2 strafbar gemacht.

Konkurrenz: Zwischen versuchtem Mord und der hier vorliegenden vollendeten **Körperverletzung an H** besteht Idealkonkurrenz.

IV. Strafbarkeit gemäß § 229 (an H)
S könnte sich durch die dem H versehentlich zugefügte Schussverletzung wegen fahrlässiger Körperverletzung gemäß § 229 strafbar gemacht haben.

1. Tatbestand
a) Erfolgseintritt und Kausalität
Zunächst müsste der von § 229 vorausgesetzte Erfolg, eine **Körperverletzung**, eingetreten sein. H müsste demnach körperlich misshandelt oder an der Gesundheit geschädigt worden sein. Eine **Gesundheitsschädigung** ist der Eintritt eines pathologischen Zustandes. H bricht aufgrund des Schusses röchelnd und blutend zusammen. Dies stellt einen pathologischen Zustand dar, so dass ein Erfolgseintritt gegeben ist. Dieser Erfolg beruhte auch kausal auf den Handlungen des S.

b) Objektive Sorgfaltspflichtverletzung
S müsste die im Verkehr erforderliche Sorgfalt außer Acht gelassen haben, und der Eintritt des tatbestandlichen Erfolges müsste **objektiv vorhersehbar** gewesen sein. Der Inhalt der Sorgfaltspflicht besteht darin, gefährliche Handlungen nur unter entsprechenden Sicherheitsvorkehrungen vorzunehmen bzw. gänzlich zu unterlassen. Das Abfeuern eines Schusses in einer Schule stellt unfraglich ein verkehrswidriges und somit auch sorgfaltswidriges Verhalten dar. Die objektive Vorhersehbarkeit ist dann gegeben, wenn der Erfolg in seiner konkreten Gestalt und der wesentliche Kausalverlauf nicht so sehr außerhalb der Lebenserfahrung liegen, dass nicht damit zu rechnen war. Beim Abfeuern eines Schusses ist stets damit zu rechnen, dass dieser daneben geht und eine andere als die anvisierte Person trifft. Folglich war der Erfolg auch objektiv vorhersehbar.

c) Objektive Zurechnung
Die objektive Zurechnung zwischen Sorgfaltspflichtverletzung und Erfolg ist nur dann gegeben, **wenn der konkrete tatbestandliche Erfolg bei**

sorgfaltsgerechtem Verhalten vermeidbar gewesen wäre und sein Eintritt gerade auf der Verwirklichung von Gefahren beruht, die nach dem Schutzzweck der verletzten Norm verhütet werden sollen. Hätte S keinen Schuss abgefeuert, dann wäre auch keine Körperverletzung eingetreten. Der Erfolg wäre demnach bei sorgfaltsgerechtem Verhalten vermeidbar gewesen. In dem eingetreten Erfolg hat sich auch das von § 229 verbotene Risiko und nicht ein völlig anderes, verwirklicht. Objektive Zurechnung ist somit zu bejahen.

2. Rechtswidrigkeit und Schuld
S handelte rechtswidrig und schuldhaft.

Ergebnis: S hat sich demnach wegen fahrlässiger Körperverletzung gemäß § 229 strafbar gemacht.[8]

Zwischenergebnis und Konkurrenzen: S hat sich somit wegen versuchten Mordes in Tateinheit mit fahrlässiger Körperverletzung gemäß §§ 212, 211, 22, 23; 229, 52 strafbar gemacht.

<u>Zusatzfragen (Strafprozessrecht):</u>

Frage 1: Bei kleineren Delikten kann der Verletzte nach §§ 374 ff. StPO selbst anklagen. Darunter fallen Hausfriedensbruch (§ 123 StGB), Beleidigung (§§ 185ff. StGB), Körperverletzung (§§ 223, 229 StGB), Sachbeschädigung (§ 303 StGB) und Vollrausch (§ 323 a StGB). Der Staatsanwalt erhebt bei diesen Delikten Anklage meist nur dann, wenn es im öffentlichen Interesse liegt. Liegt ein solches öffentliches Interesse nicht vor, wird auf den Privatklageweg verwiesen, § 376 StPO.
Frage 2: Der Privatkläger muss einen Gebührenvorschuss einzahlen, damit die Privatklage dem Beschuldigten zugestellt wird, § 379a StPO. Außerdem kann das Privatklageverfahren wegen geringer Schuld des Beschuldigten eingestellt werden gemäß § 383 II StPO. Das hat zur Folge, dass der Privatkläger die Kosten trägt, und zwar nicht nur die eigenen, sondern auch die Gerichtskosten und die Rechtsanwaltsgebühren des Beschuldigten, § 471 II StPO. Zudem kann der Verletzte als Privatkläger auch nicht mehr Zeuge sein, was die Beweislage verschlechtert.

---

[8] **<u>Achtung:</u>** Die Rettungsmaßnahmen des S stellen keinen Rücktritt dar, denn ein solcher ist nur bei einem Versuch, nicht jedoch bei einem Fahrlässigkeitsdelikt möglich. Die Rettungsmaßnahmen führen im vorliegenden Fall dazu, dass S anstelle von fahrlässiger Tötung nur wegen fahrlässiger Körperverletzung bestraft wird.

Fall 8

Sachverhalt

Die Philosophiestudentin Marie Huana (M), die stets ein „alternatives Outfit" trägt, geht zum Schuster S, der in der Nähe des Kölner Hauptbahnhofs sein Geschäft betreibt. Aus ihrem mit einem großen Hanfblatt bestickten Jutebeutel holt sie ein paar Schuhe und bittet S, in diese einen zweiten Boden einzunähen. Dabei soll der zweite Boden aufklappbar sein. Außerdem soll sich dort eine Luftkammer befinden. M bittet S außerdem, sich zu beeilen, weil ihr Zug nach Venlo in einer dreiviertel Stunde gehe. S ahnt zwar stark, dass M Drogen aus den Niederlanden schmuggeln möchte, meint jedoch, dass ja nicht auszuschließen sei, dass M aufgrund unterschiedlicher Beinlängen spezielle Sohlen benötigt. Denn bei Menschen mit verschieden langen Beinen (Vorkommen: 5 % der Bevölkerung) sind solche Arbeiten durchaus üblich; das Luftpolster dient dabei der bequemen Lagerung des Fußes. Außerdem ist es S egal, was seine Kunden machen, weil es ihm nur auf das Geld ankommt.
In Venlo geht M in einen Coffee Shop und kauft Haschisch (geringe Menge THC). Dann dreht sie sich einen Joint und raucht ihn, so dass sie völlig benebelt ist. Den restlichen „Stoff" schiebt sie sich in die Höhle zwischen den Schuhsohlen und fährt nach Köln zurück. Dort fällt sie einem Zivilfahnder der Bundespolizei P auf, der ihr seine Dienstmarke zeigt und sie nach ihrem Ausweis fragt. Da beginnt sie sofort loszurennen, dicht gefolgt von dem Beamten. Sie schreit dabei: „Hilfe, der Typ ist ein Stalker und will mich vergewaltigen."
Der couragierte C bekommt mit, wie P hinter M her rennt und diese um Hilfe schreit. Er stellt P ein Bein, so dass dieser stürzt und sich die Hände aufreißt. M kann er nun nicht mehr einholen. Es wäre für C keine mildere Maßnahme in Betracht gekommen, um P aufzuhalten. Jedoch hätte er die Polizeimarke erkennen können, die wegen des Laufens dem C aus der Hosentasche baumelte.

Wie hat sich S strafbar gemacht? Hat C ein Körperverletzungsdelikt begangen?

Legen Sie zugrunde, dass das Einführen des THC durch M den Straftatbestand des § 29 I Nr. 1 BTMG verwirklicht hat. Andere BTMG-Vorschriften können Sie außer Acht lassen.

Zusatzfrage (Strafprozessrecht):

Es ist 7 Uhr morgens. An Ihrer Tür klingelt es. Dort stehen 5 Polizeibeamte und haben einen Durchsuchungsbefehl für Ihre Wohnung in der Hand. Was tun Sie?

Hinweis: Wortlaut des § 29 I Nr.1 BTMG auf der nächsten Seite!

§ 29 I Nr. 1 BTMG lautet:
Mit Freiheitsstrafe bis zu fünf Jahren oder mit Geldstrafe wird bestraft, wer Betäubungsmittel unerlaubt anbaut, herstellt, mit ihnen Handel treibt, sie, ohne Handel zu treiben, einführt, ausführt, veräußert, abgibt, sonst in den Verkehr bringt, erwirbt oder sich in sonstiger Weise verschafft.

Lösung:

A. Strafbarkeit des S gemäß §§ 29 I Nr. 1 BTMG, 27 StGB

S könnte sich wegen Beihilfe zur unerlaubten Einfuhr von Betäubungsmitteln gemäß §§ 29 I Nr. 1 BTMG, 27 StGB strafbar gemacht haben, indem er die Schuhe der M umnähte.

1. Tatbestand

a) objektiver Tatbestand

aa) vorsätzliche rechtswidrige Haupttat

Zuerst müsste eine vorsätzliche rechtswidrige Haupttat vorliegen. In Betracht kommt die laut Bearbeitervermerk tatbestandsmäßige unerlaubte Einfuhr von Betäubungsmitteln. Diese ist auch rechtswidrig. Dass durch das Inhalieren des THC unter Umständen eine verminderte Schuldfähigkeit im Sinne des § 21 eingetreten ist, ist unbeachtlich, da die Tat nur rechtswidrig im Sinne des § 11 I Nr. 5 sein muss. Die Einfuhr von Betäubungsmitteln ist folglich eine taugliche Haupttat.

bb) Hilfeleisten

Das Handeln des S müsste ein Hilfeleisten darstellen. Hilfeleisten ist ein Handeln, das dem Täter und seiner Tat zugute kommen soll. Das Umnähen der Schuhe ist ein Tatbeitrag, der die Begehung der Haupttat erleichtert und damit ein für den Taterfolg kausales Hilfeleisten.
Da S bloß seine erlaubte berufliche Tätigkeit ausübt, drängt sich die Frage auf, ob eine Beihilfe auch durch neutrale, alltägliche Verhaltensweisen möglich ist.

aaa) Die Rechtsprechung legt bei dieser Frage als Kriterium an, ob das **„berufstypisch erlaubte Risiko“ überschritten** wurde. Dabei betrachtet sie die subjektive Sicht des Täters, d.h. sie untersucht, ob der nur mit der Tatbegehung Rechnende die Tatgeneigtheit des Täters erkennt. Dann handele es sich um Beihilfe. Vorliegend wäre demnach eine Teilnahmehandlung zu bejahen, weil sehr viele Indizien auch in den Augen des S für eine rechtswidrige Handlung sprechen.

bbb) Die h.L. stützt sich demgegenüber auch auf **objektive Gesichtspunkte** und fordert, dass die Förderung der Haupttat als **einzig denkbarer Zweck** der in Frage stehenden Handlung in Betracht kommt, damit die Bestrafung wegen Beihilfe zur Haupttat möglich ist. Dabei ist insbesondere das erlaubte Risiko zu berücksichtigen. Im konkreten Fall müsste man folgerichtig die Beihilfe verneinen, weil noch eine gewisse Wahrscheinlichkeit besteht, dass M die Schuhe aufgrund unterschiedlich langer Beine benötigt. Auch ist das Risiko als erlaubt anzusehen, denn es kann dem Schuster nicht verwehrt werden, Veränderungen vorzunehmen, die bei einem geringen Teil der Bevölkerung zum richtigen Sitzen der Schuhe notwendig sind.

ccc) Die Ansichten führen zu entgegen gesetzten Ergebnissen, so dass der Streit zu entscheiden ist. Für die Rechtsprechungsansicht wird angeführt, dass das **Tun bei Überschreiten des berufstypisch erlaubten Risikos seinen Alltagscharakter verliert**. Zudem solidarisiere sich der Unterstützer mit dem Täter. Dem lässt sich entgegnen, dass der vorgebrachte Vorwurf nicht mit einer Pflicht korrespondiert, sich anders zu verhalten.

Der Hilfeleistende muss nicht für die Rechtsordnung derart (etwa als Garant) einstehen, dass er durch Verweigern seiner Leistung dem vermutlichen Täter seine Tat erschwert. Allerdings verändert die Inkaufnahme einer deliktischen Verwertung der Leistung den Handlungssinn und wird zur Rechtsgutsverletzung. **Deshalb ist mit der Rechtsprechung eine Überschreitung des berufstypischen Risikos aus der Sicht des Täters zu fordern.** S ist aufgrund zahlreicher Hinweise (Hanfblatt, Zug nach Venlo) von der Ahnung beflügelt, dass die Schuhe zum Schmuggeln von Rauschgift genutzt werden sollen. Deshalb ist das Umnähen der Schuhe als Hilfeleisten anzusehen.

b) subjektiver Tatbestand

S müsste mit doppeltem Gehilfenvorsatz, also mit Wissen und Wollen hinsichtlich der Beihilfehandlung und der Vollendung der Haupttat gehandelt haben. S hatte Vorsatz hinsichtlich seiner Teilnahmehandlung und wollte außerdem, da ihm ein kriminelles Handeln der M egal war, eventualdolos die Vollendung der rechtswidrigen Tat.

2. Rechtswidrigkeit und Schuld

S handelte rechtswidrig und schuldhaft.

Ergebnis: S hat sich durch das Umnähen der Schuhe wegen Beihilfe zur unerlaubten Einfuhr von Betäubungsmitteln gemäß §§ 29 I Nr. 1 BTMG, 27 strafbar gemacht.

B. Strafbarkeit des C

I. Strafbarkeit gemäß § 223 I

C könnte sich wegen Körperverletzung gemäß § 223 I strafbar gemacht haben, indem er den P zu Fall brachte, wodurch dieser sich Verletzungen an den Händen zugezogen hat.

1. Tatbestand

a) objektiver Tatbestand

C müsste P körperlich misshandelt oder an der Gesundheit geschädigt haben. Eine **körperliche Misshandlung** ist eine üble, unangemessene Behandlung, die entweder das körperliche Wohlbefinden oder die körperliche Unversehrtheit nicht nur unerheblich beeinträchtigt. Eine **Gesundheitsbeschädigung** liegt vor, wenn ein pathologischer Zustand hervorgerufen oder gesteigert wird. Die aufgerissenen Hände bedürfen einer ärztlichen Behandlung und stellen zugleich eine üble, unangemessene Behandlung dar. Also hat C den objektiven Tatbestand verwirklicht.

b) subjektiver Tatbestand

C müsste auch vorsätzlich (§ 15), also mit Wissen und Wollen hinsichtlich der Tatbestandsverwirklichung gehandelt haben. C verkannte zwar den Hintergrund der Tat, aber er wusste um alle relevanten Tatumstände und wollte auch den Tatbestand verwirklichen, handelte somit vorsätzlich.

2. Rechtswidrigkeit

C könnte durch Nothilfe gemäß § 32 gerechtfertigt sein. Voraussetzung dafür ist, dass er auf eine Notwehrlage mit einer erforderlichen und gebotenen Notwehrhandlung reagiert hat. Eine Nothilfelage ist charakterisiert durch einen gegenwärtigen, rechtswidrigen Angriff auf die Rechtsgüter eines anderen.

Der P wollte sich objektiv nicht an M vergreifen, so dass ein Sexualdelikt als Angriff ausscheidet. In Betracht kommt höchstens eine versuchte Freiheitsberaubung, da P die M unter Umständen festhalten wollte. Diese wäre aber jedenfalls durch die hoheitlichen Befugnisse des P gedeckt. Deshalb liegt objektiv keine Notwehrlage vor, so dass eine Rechtfertigung über § 32 ausscheidet.

3. Schuld

In Betracht kommt aber ein Erlaubnistatumstandsirrtum[9] in Form der Putativnotwehr. Das ist der Fall, wenn C sich Umstände vorgestellt hat, bei deren tatsächlichem Vorliegen er gerechtfertigt wäre. Zugrunde zu legen ist also die Vorstellung des C, dass P die M vergewaltigen wollte.

a) vermeintliche Notwehrlage

C könnte sich eine Notwehrlage, also einen gegenwärtigen rechtswidrigen Angriff vorgestellt haben. Ein Angriff ist jede drohende Beeinträchtigung rechtlich geschützter Interessen. C hat sich einen Angriff auf die sexuelle Selbstbestimmung der M durch einen unmittelbar bevorstehenden, gemäß § 177 bzw. § 238 rechtswidrigen Angriff vorgestellt, mithin eine Notwehrlage.

b) Notwehrhandlung

C müsste auch eine unter Zugrundelegung seines Vorstellungsbildes geeignete und erforderliche Notwehrhandlung vorgenommen haben. Die Erforderlichkeit ist gewahrt, wenn das relativ mildeste Mittel gewählt wurde, das einen Angriff spontan, effektiv und risikolos abwenden kann. C hätte keine schwächere Maßnahme ergreifen können, als P zu Fall zu bringen, um den vermeintlichen Angriff abzuwehren.

c) sozialethische Einschränkungen

Sozialethische Einschränkungen des Nothilferechts sind vorliegend nicht geboten.

d) subjektiver Rechtfertigungstatbestand

Da C mit Verteidigungswillen handelte, liegt auch der subjektive Rechtfertigungstatbestand vor.

e) rechtliche Einordnung

Folglich wäre C gemäß § 32 gerechtfertigt gewesen, wenn die tatsächlichen Umstände mit seiner Vorstellung davon übereingestimmt hätten. Problematisch ist jedoch die rechtliche Einordnung eines solchen Erlaubnistatumstandsirrtums.

---

[9] Manche Lehrbücher sagen auch „Erlaubnistatbestandsirrtum“. Wir lehnen diese Terminologie ab (wie auch z.B. Prof. *Marxen* in seinen Vorlesungen an der HU Berlin und in seinem Lehrbuch). Der Begriff „Erlaubnistatumstandsirrtum“ ist nicht nur genauer. Er ist auch klarer. Denn wenn man um den „Tatbestand“ irrt, befindet man sich dem Worte nach in einem Verbotsirrtum.

aa) Die **strenge Schuldtheorie** behandelt den Erlaubnistatumstandsirrtum wie einen Verbotsirrtum gemäß § 17. Hier wäre also die Vermeidbarkeit des Irrtums im Sinne des § 17 I 2 zu prüfen und wohl zu bejahen, so dass fakultative Strafmilderung zulässig wäre.
bb) Die **Lehre von den negativen Tatbestandsmerkmalen** nimmt an, dass die Voraussetzungen eines Rechtfertigungsgrundes negative Tatbestandsmerkmale sind, die kumulativ zu den positiven der einzelnen Delikte vorliegen müssen, um eine Strafbarkeit zu bejahen. Irrt jemand aber über das Vorliegen eines positiven oder negativen Tatbestandsmerkmals, sei § 16 einschlägig, mit der Folge, dass der Vorsatz entfällt und nur eine fahrlässige Begehung (vorliegend gemäß § 229) in Betracht kommt.
cc) Die **eingeschränkte Schuldtheorie** möchte die Regeln über den Tatumstandsirrtum gemäß § 16 nicht direkt, sondern analog wegen vergleichbarer Interessenlage anwenden. Auch hiernach käme vorliegend allenfalls eine fahrlässige Tatbegehung gemäß § 229 in Betracht, die zu bejahen wäre.
dd) Die **rechtsfolgenverweisende Schuldtheorie** verneint nicht den Vorsatz in Fällen des Erlaubnistatumstandsirrtums, bringt dennoch die Rechtsfolgen des § 16 entsprechend zur Anwendung. Demzufolge käme man auch hier zur Prüfung der Fahrlässigkeit.
ee) Obwohl die Ansichten zum Teil zu demselben Ergebnis kommen, ist zur Ergründung der richtigen Lösung eine systematische Untersuchung von deren dogmatischen Hintergründen notwendig.[10]
Die Kernfrage, die die Ansichten verschieden beantworten, versucht den Vorwurf zu ergründen, der den im Erlaubnistatumstandsirrtum Handelnden trifft. Die Lehre von den negativen Tatbestandsmerkmalen und die eingeschränkte Schuldtheorie lassen bereits den Vorsatzvorwurf entfallen, und zwar gemäß § 16 direkt, bzw. analog. Die Lehre von den negativen Tatbestandsmerkmalen kann dabei für sich in Anspruch nehmen, dass nur das Zusammentreffen aus Tatbestand und Rechtswidrigkeit das Unrecht einer Tat ausmacht.

Jedoch übersieht sie, dass **Tatbestandsmäßigkeit und Rechtswidrigkeit unterschiedliche Kategorien (Regel-Ausnahme) darstellen**, wie es sich auch im richtigerweise zugrunde zu legenden dreigliedrigen Verbrechensaufbau widerspiegelt. Diese systematische Unsauberkeit umgeht die eingeschränkte

[10] <u>**Achtung**</u>: Oftmals wird es als ausreichend erachtet, wenn Sie nur die strenge Schuldtheorie von den anderen drei Ansichten abgrenzen, weil nur die beiden Gruppen zu abweichende Ergebnissen führen. Aus Gründen der Verständlichkeit und Vollständigkeit wird hier der Theorienstreit ausführlich dargelegt.

Schuldtheorie durch entsprechende Anwendung von § 16. Für sie spricht auch, dass der Täter von der Appellfunktion der Norm, ihren tatbestandlichen Erfolg nicht herbeizuführen, wie beim fahrlässigen Delikt nicht erreicht wird. Jedoch geht die bei dieser Theorie zugrunde gelegte Annahme fehl, dass der Tatumstandsirrtum alle Irrtümer über Tatsachen umfasst, denn § 16 umfasst nur die Umstände, die zum *Tatbestand* gehören, nicht aber diejenigen, die eine *Rechtfertigung* ermöglichen. Deshalb ist auch diese Theorie abzulehnen.

Die strenge und die rechtsfolgenverweisende Schuldtheorie legen die folglich richtige Annahme zugrunde, dass dem Täter grundsätzlich ein Schuldvorwurf zu machen ist, weil der Täter vorsätzlich handelt. Auch wer gerechtfertigt ist, verwirklicht immer vorsätzlich einen Straftatbestand. Allerdings trifft die rechtsfolgenverweisende Schuldtheorie eine weitere Differenzierung, indem sie berücksichtigt, dass der Vorsatz sowohl ein Element des subjektiven Tatbestandes als auch der Schuld ist. Der subjektive Tatbestand ist zwar in Fällen des Erlaubnistatumstandsirrtums erfüllt, jedoch **entfällt der sog. Vorsatz-Schuldvorwurf**, d.h. der Schuldvorwurf, der mit dem vorsätzlichen Begehen einer Tat einhergeht, kann dem Täter nicht entgegengehalten werden. Vielmehr trifft den Täter nur die Schuld des Fahrlässigkeitsdelikts. Er handelt nämlich nicht aus einer rechtsfeindlichen Gesinnung heraus. Diese letztgenannte Ansicht überzeugt auch in der praktischen Konsequenz, dass eine Bestrafung von vorsätzlich handelnden Teilnehmern möglich ist. Diese scheitert nicht in Ermangelung einer rechtswidrigen Haupttat. Folglich ist der rechtsfolgenverweisenden Schuldtheorie folgend, § 16 I 2 im Hinblick auf die Rechtsfolge anzuwenden. Eine Bestrafung wegen vorsätzlicher Körperverletzung scheidet aus.

Ergebnis: C hat sich nicht wegen Körperverletzung strafbar gemacht.[11]

---

[11] **Hinweis**: Als weitere Straftaten mussten hier nicht geprüft werden: §§ 29 I 1 Nr. 1 BTMG, 27 (sukzessive Beihilfe); § 258 I Var. 1 (Strafverfolgungsvereitelung), § 113 (Widerstand gegen Vollstreckungsbeamte). Sie sind alle objektiv gegeben, jedoch fehlt es C am Vorsatz.

II. Strafbarkeit gemäß § 229

C könnte sich aber wegen fahrlässiger Körperverletzung gemäß § 229 strafbar gemacht haben, indem er P zu Fall gebracht hat.

1. Tatbestand

Den Körperverletzungserfolg hat C zurechenbar und pflichtwidrig herbeigeführt (s.o.). Sein Irrtum müsste auf Fahrlässigkeit beruht haben. Fahrlässigkeit liegt vor, wenn die im Verkehr erforderliche Sorgfalt objektiv außer Acht gelassen wurde. Hier hätte C aufgrund der Polizeimarke des P erkennen können, dass es sich bei P um einen Polizisten handelt und damit nicht um einen Angreifer. Damit hat C fahrlässig den Körperverletzungserfolg herbeigeführt.

2. Rechtswidrigkeit: C handelte rechtswidrig (s.o.).

3. Schuld

Wie gezeigt, trifft C ein Fahrlässigkeitsvorwurf. Ein Entschuldigungs- oder Schuldausschließungsgrund kommt nicht in Betracht.

Ergebnis: C hat sich wegen fahrlässiger Körperverletzung gemäß § 229 strafbar gemacht.

Zusatzfrage:

Erstens: Durchsuchungsbefehl zeigen lassen. Zweitens: Zum Tatvorwurf schweigen. Drittens: Ruhe bewahren und danach fragen, nach was gesucht wird. Hat man an verschiedenen Stellen Dinge in der Wohnung, die besser nicht gefunden werden sollten, sollte man die gesuchte Sache freiwillig herausgeben. So kann man eine Durchsuchung abwenden, die sonst noch Zufallsfunde an den Tag legt, die in einem Verfahren ebenfalls verwertet werden dürfen, § 108 StPO.

Viertens: Dienstausweis des leitenden Durchsuchungsbeamten verlangen und Ausweisnummer notieren. Fünftens: Anwalt anrufen.

Weitere relevante Zusatzfragen finden sich in dem Buch „*Zenthöfer*: Juristischer Grundkurs Strafprozessrecht – mit 40 typischen StPO- Zusatzfragen“ (ISBN 978-3-935150-38-5).

Fall 9

Sachverhalt

Jurastudent G hat den 11jährigen Bankierssohn J entführt, um von dessen Eltern Lösegeld zu erpressen. Zwar sitzt G bereits in Frankfurt a. M. in Untersuchungshaft, aber der von G versteckte M ist noch nicht entdeckt worden. G ist nicht bereit, den Aufenthaltsort des M preiszugeben, auch nicht als durch Gegenüberstellung mit den Eltern erheblicher Druck auf ihn ausgeübt wird. Stattdessen erteilt er der Polizei mehrfach falsche Auskünfte. Die Polizei hält aufgrund ihrer Ermittlungsergebnisse G für dringend tatverdächtig.
Aus Sorge um das Leben des Kindes, das in der Tat in einer Hütte zu verhungern droht, geht Polizist D in Begleitung eines Arztes zu G in die Zelle. Dort fordert er G zur Preisgabe des Verstecks auf, weil ihm sonst erhebliche Schmerzen durch einen „Spezialisten" zugefügt werden sollten. Dabei intendiert er nicht die Erlangung einer Aussage, sondern nur den Aufenthaltsort des M herauszufinden. Der gesamte Vorgang wird von D sauber protokolliert; es lässt sich aber nicht klären, ob D sein Handeln für Unrecht hielt. Der eingeschüchterte G teilt auf die Folterandrohung hin mit, wo M sich befindet. Adie Polizei in der Hütte eine halbe Stunde später eintrifft, hat M bereits einen Herzstillstand erlitten. Der Notarzt kann ihn nicht wieder beleben.
G wird später wegen Mordes in Tateinheit mit erpresserischem Menschenraub verurteilt. Zum Zeitpunkt der Androhung Folter hätte man, wie D wusste, aus Sicht der Polizeipsychologen noch mit einer Gegenüberstellung der Schwester S des Opfers Erfolg haben können. Zugleich drohten bei S dadurch erhebliche psychische Störungen im Falle eines Misserfolgs. Hat sich D wegen Nötigung gemäß § 240 I strafbar gemacht?

Legen Sie zugrunde, dass sich **ein Verbot der Folter** und ihrer Androhung für D aus Art. 1 I und 104 I 2 GG und § 12 HessSOG (Polizeigesetz) i.V.m. § 136a StPO und Art. 3 EMRK ergibt. Legen Sie außerdem die Regelung des § 54 II HessSOG zugrunde, derzufolge die strafrechtlichen Regelungen über Notwehr und Notstand unberührt bleiben.

Art 1 I GG: *Die Würde des Menschen ist unantastbar. Sie zu achten und zu schützen ist Verpflichtung aller staatlichen Gewalt.*

Art. 104 I 2 GG: *Festgehaltene Personen dürfen weder seelisch noch körperlich misshandelt werden.*

§ 12 HessSOG (Polizeigesetz):

(1) Die Gefahrenabwehr- und die Polizeibehörden können eine Person befragen, wenn tatsächliche Anhaltspunkte die Annahme rechtfertigen, dass die Person sachdienliche Angaben zur Aufklärung des Sachverhalts in einer bestimmten gefahrenabwehrbehördlichen oder polizeilichen Angelegenheit machen kann. Im Fall der Abwehr einer Gefahr kann sie zum Zwecke der Befragung angehalten werden.

(2) Eine Auskunftspflicht besteht für die in den §§ 6 und 7 genannten, unter den Voraussetzungen des § 9 auch für die dort genannten Personen. Unter den in den §§ 52 bis 55 der Strafprozessordnung genannten Voraussetzungen ist die betroffene Person zur Verweigerung der Auskunft berechtigt. Dies gilt nicht, wenn die Auskunft für die Abwehr einer Gefahr für Leib, Leben oder Freiheit einer Person erforderlich ist. Auskünfte, die gemäß Satz 3 erlangt wurden, dürfen nur zu Zwecken der Gefahrenabwehr nach § 1 Abs. 1 und 4 verwendet werden. Die betroffene Person ist über ihr Recht zur Verweigerung der Auskunft zu belehren.

(3) Werden bei der Befragung personenbezogene Daten erhoben, sind die nachfolgenden Vorschriften über die Verarbeitung personenbezogener Daten anzuwenden.

§ 54 II HessSOG (Polizeigesetz):

Die zivil- und strafrechtlichen Wirkungen nach den Vorschriften über Notwehr und Notstand bleiben unberührt.

§ 136 a StPO:

(1) Die Freiheit der Willensentschließung und der Willensbetätigung des Beschuldigten darf nicht beeinträchtigt werden durch Misshandlung, durch Ermüdung, durch körperlichen Eingriff, durch Verabreichung von Mitteln, durch Quälerei, durch Täuschung oder durch Hypnose. Zwang darf nur angewandt werden, soweit das Strafverfahrensrecht dies zulässt. Die Drohung mit einer nach seinen Vorschriften unzulässigen Maßnahme und das Versprechen eines gesetzlich nicht vorgesehenen Vorteils sind verboten.

(2) Maßnahmen, die das Erinnerungsvermögen oder die Einsichtsfähigkeit des Beschuldigten beeinträchtigen, sind nicht gestattet.

(3) Das Verbot der Absätze 1 und 2 gilt ohne Rücksicht auf die Einwilligung des Beschuldigten. Aussagen, die unter Verletzung dieses Verbots zustande gekommen sind, dürfen auch dann nicht verwertet werden, wenn der Beschuldigte der Verwertung zustimmt.

Art. 3 EMRK: *Niemand darf der Folter oder unmenschlicher oder erniedrigender Strafe oder Behandlung unterworfen werden*

Lösung:

Strafbarkeit gemäß § 240 I

D könnte sich mit seiner Androhung von Folter wegen Nötigung gemäß § 240 I strafbar gemacht haben.

1. Tatbestand

a) objektiver Tatbestand

Zuerst müsste eine Nötigungshandlung vorliegen. Nötigen ist das Aufzwingen einer von einem Menschen nicht gewollten Handlung. D hat vorliegend G zu einer Auskunft über den Aufenthaltsort seines Opfers bringen wollen. Dies ist eine Nötigungshandlung.

Sodann müsste ein Nötigungserfolg in Form eines Duldens, Tuns oder Unterlassens des Genötigten gegeben sein. G hat den Aufenthaltsort des M preisgegeben. Die Nötigung hatte also Erfolg.

Die Nötigung müsste weiterhin mit Gewalt oder Drohung mit einem empfindlichen Übel geschehen sein. In Betracht kommt hier eine Drohung, d.h. das Inaussichtstellen eines empfindlichen Übels, auf das der Drohende Einfluss zu haben vorgibt. Hier droht D dem G Folter an.

b) subjektiver Tatbestand

D müsste vorsätzlich, also mit Wissen und Wollen hinsichtlich der Tatbestandsverwirklichung gehandelt haben. D wollte in Kenntnis der Tatumstände G zu einer Auskunft über den Aufenthaltsort des M nötigen.

2. Rechtswidrigkeit

a) Rechtfertigung aus hoheitlichen Befugnissen

D könnte aber eine Befugnis aus hoheitlichen Rechten herleiten. Vorliegend sind keine solche Rechte ersichtlich, da die sicherheits- und verfassungsrechtlichen Normen sowie die als einfaches Gesetz geltende Europäische Menschenrechtskonvention (Art. 1 I, 104 I 2 GG und § 12 HessSOG i.V.m. § 136a StPO und Art. 3 EMRK) eine Androhung der Folter im Gegenteil untersagen.

b) Nothilfe

D könnte aber durch Nothilfe gemäß § 32 gerechtfertigt sein. Voraussetzung dafür ist, dass er auf eine Notwehrlage mit einer erforderlichen und gebotenen Notwehrhandlung reagiert hat.

aa) Zulässigkeit des Rückgriffs auf Notwehrvorschriften

Zuerst stellt sich die Frage, ob ein Rückgriff auf die Vorschriften der Notwehr auch bei hoheitlichem Handeln möglich ist. Dies wird zum Teil mit der Begründung abgelehnt, dass öffentlich-rechtliche Ermächtigungsnormen ansonsten leer liefen und umgangen würden. Dem ist jedoch mit der h.M. entgegenzuhalten, dass die polizeirechtlichen Vorschriften in § 54 II HessSOG selbst den Rückgriff auf die Vorschriften der Notwehr beim Handeln eines Polizisten während seiner Diensttätigkeit für zulässig erklären. Folglich ist § 32 hier anwendbar.

bb) Notwehrlage

Es müsste ein gegenwärtiger rechtswidriger Angriff von G ausgehen. Angriff ist die drohende Beeinträchtigung rechtlich geschützter Interessen. Von G gehen rechtswidrige Angriffe auf das Leben, die körperliche Unversehrtheit und die Freiheit des M aus. Diese Angriffe müssten auch gegenwärtig sein. Ein Angriff ist gegenwärtig, wenn er kurz bevorsteht, gerade stattfindet oder noch fortdauert. Da es sich bei der Freiheitsberaubung um ein Dauerdelikt handelt, hält der Angriff auf M bis zu seiner Befreiung an. Neben den gegenwärtigen Angriff auf die Freiheit des M treten Angriffe auf seine körperliche Unversehrtheit und sein Leben (keine Nahrungszufuhr). Eine Notwehrlage ist also gegeben.

cc) Notwehrhandlung

In der Androhung der Folter müsste eine geeignete, erforderliche und gebotene Notwehrhandlung zu erblicken sein.

aaa) Geeignetheit

Da die Folterdrohung dazu führen kann, G zu einer Auskunft über den Aufenthaltsort des M zu bringen, ist sie ein geeignetes Mittel, um M zu retten. Da es nicht um die Erpressung einer strafprozessual verwertbaren Aussage geht, kommt es dabei nicht darauf an, dass eine unter Folter erlange Aussage keinen Beweiswert hat (vgl. dazu Juristischer Grundkurs „Strafprozessrecht – mit 40 typischen StPO – Zuatzfragen“ von Jochen *Zenthöfer*, Seiten 2ff.).

bbb) Erforderlichkeit

Die Folter müsste auch ein erforderliches Notwehrmittel darstellen. Erforderlich ist das relativ mildeste Mittel, das dazu geeignet ist, den Angriff sofort und ohne Risiko abzuwenden. In Betracht käme hier eine Gegenüberstellung mit der Schwester des Opfers S. Dieses auch D bekannte Mittel wäre auch milder als eine Androhung von Folter. Jedoch droht das Risiko schwerer psychischer Störungen bei S, so dass dieses Mittel als nicht gleichwertig anzusehen ist. Folglich war die Notwehrhandlung auch erforderlich.

ccc) Gebotenheit

Eine Einschränkung der Notwehrhandlung könnte aber im konkreten Fall aus sozialethischen Gründen normativ geboten sein. Eine Einordnung zu einer der von der Rechtsprechung entwickelten Fallgruppen (krasses Missverhältnis, Notwehrprovokation, schuldloser Angreifer, Näheverhältnis) ist nicht möglich.

Eine Einschränkung des gemäß § 54 II HessSOG grundsätzlich zugestandenen Notwehrrechts könnte sich jedoch aus der Menschenwürdegarantie (Art. 1 I GG) und ihren Konkretisierungen in den Folterverboten (s.o.) ergeben. Es ist jedoch umstritten, ob die Menschenwürde auch der Anwendung, bzw. Androhung von Folter als ultima ratio zur Abwendung eines großen Schadens entgegensteht.

α) Eine weit verbreitete Auffassung möchte die **Absolutheit der Menschenwürdegarantie** auch in Extremfällen nicht tangieren und lehnt deshalb eine Rechtfertigung durch Notwehr kategorisch ab. Hiernach wäre die Notwehrhandlung des D normativ nicht geboten.

β) Teilweise wird demgegenüber vertreten, dass schon gar **keine Verletzung der Menschenwürde** vorliege, wenn jemandem Folter angedroht wird, der selbst die Menschenwürde oder das Leben Dritter bedroht. Das impliziert die Frage, ob G vorliegend die Menschenwürde des M angreift. Auch über die damit verbundene Problematik, ob in dem Verbringen in eine Situation, die langsam aber unweigerlich zum Tod führt, eine Verletzung der Menschenwürde zu sehen ist, besteht Streit.

Einerseits wird in solchen Fällen von einem Angriff auf das Leben, das gemäß Art. 2 II GG geschützt ist, ausgegangen. So wäre auch der vorliegende Fall zu behandeln.

Andererseits wird in Fällen, in denen die Opfer einem zwar noch abwendbaren, aber ansonsten sicheren Tod entgegen sehen, eine Menschenwürdeverletzung der Opfer durch die Täter angenommen. Wenn M zügig befreit würde, müsste er nicht den Hungertod sterben. Damit liegt eine Konstellation vor, die sich nach dieser Meinung als Angriff auf die Menschenwürde darstellt.

γ) Da aber unabhängig davon, ob auf eine Verletzung von Art. 1 I GG oder von Art. 2 II GG Bezug genommen wird, ein Menschenwürdeverstoß zum Teil angenommen wird, kann dieser Streit dahinstehen. Stattdessen müssen nur **die Ansichten gegeneinander abgewogen** werden, die einerseits für, andererseits gegen eine Einschränkung des Notwehrrechts plädieren.

δ) Für die Beschränkung des Notwehrrechts spricht, dass die Menschenwürde unabhängig von der Person und dem Charakter des Täters einen außerordentlich hohen Stellenwert in der Verfassung einnimmt. Es wird erwidert, dass sich auf die Menschenwürde nicht berufen kann, wer selbst massiv in die Rechte Dritter eingreift. Allerdings ist – **nicht zuletzt wegen der historischen Erfahrungen im Dritten Reich und der DDR** – mit Vehemenz einer Degradierung des Menschen zum Objekt staatlichen Handelns entgegenzutreten, unabhängig vom individuellen Verhalten eines Menschen. Dafür spricht vor allem auch die ansonsten drohende Ausuferung rechtlicher Grenzen, denn wenn man einen Fall von polizeilicher Folterandrohung erlaubt, weichen schnell die Grenzen des Folterverbots auf.

Zudem haben sich die Organe des Staates durch ihr Bekenntnis zur Verfassung selbst dazu verpflichtet, nicht zu denselben Mitteln zu greifen wie derjenige, der die Menschenwürde nicht achtet. Dieser Argumentation lässt sich entgegnen, dass es vorliegend gar nicht um das Handeln eines staatlichen Organs handelt, mit anderen Worten dass G vielmehr sein Notwehrrecht als Privater ausgeübt hat. Ein Privater ist aber nicht den in Frage stehenden grundrechtlichen Einschränkungen unterworfen.

Zwar ist es richtig, dass ein Privater nur im Rahmen einer Drittwirkung an die Grundrechte gebunden ist, jedoch geht es um eine Einschränkung des Notwehrrechts im konkreten Fall. Dabei ist zu berücksichtigen, dass ein Polizist, der die Gewalt über einen Straftäter kraft hoheitlicher Kompetenz innehat, **besonderen Einschränkungen seines Notwehrrechts** unterworfen ist. Dieses Ergebnis lässt sich im Übrigen mit einer verfassungskonformen restriktiven Auslegung von § 54 II HessSOG erreichen. Im Ergebnis war hier also eine Einschränkung des Notwehrrechts des D geboten, so dass eine Rechtfertigung gemäß § 32 ausscheidet.

c) rechtfertigender Notstand

Weiterhin kommt eine Rechtfertigung durch den Notstand im Sinne des § 34 in Betracht. Das setzt zum einen eine Notstandslage und zum anderen eine angemessene Notstandshandlung voraus.

aa) Notstandslage

Eine Gefahr ist eine auf tatsächliche Umstände begründete Wahrscheinlichkeit eines schädigenden Ereignisses. Die Angriffe auf Leib, Leben und Freiheit des M stellen zugleich aufgrund der Wahrscheinlichkeit einer Schädigung dieser Rechtsgüter eine Gefahr dar. Diese Gefahr ist auch gegenwärtig.

bb) Notstandshandlung

Die Gefahr hätte durch keine mildere Notstandshandlung abwendbar sein dürfen. Dies ist der Fall (s.o.). Darüber hinaus ist eine Abwägung zwischen dem geschützten und dem beeinträchtigten Interesse vorzunehmen. Eine Beeinträchtigung der Menschenwürde durch Androhung von Folter kann jedoch nur durch eine extrem zugespitzte Gefahr für ein anderes Rechtsgut, die einem Angriff auf das Opferleben entspricht, abgewogen werden. Da aber selbst der *Angriff* auf die Rechtsgüter des M nicht durch eine Androhung von Folter rechtmäßig abgewendet werden darf, kann nichts anderes für die Abwendung der *Gefahr*, der sie ausgesetzt sind, gelten.

Folglich scheidet auch eine Rechtfertigung über den Notstand gemäß § 34 aus.

d) Verwerflichkeit

Die Nötigungshandlung müsste auch verwerflich im Sinne des § 240 II sein. Die Verwerflichkeit ergibt sich aus einem Missverhältnis von Zweck und Mittel. Dafür ist das Fehlen von Rechtfertigungsgründen ein starkes Indiz. Im Übrigen ist auch unbeschadet dessen die Androhung der Folter aufgrund des damit verbundenen Eingriffs in die Menschenwürde ein unangemessenes Mittel, um M zu retten.

D handelte mithin rechtswidrig.

3. Schuld

a) entschuldigender Notstand

D könnte aufgrund eines Notstands gemäß § 35 I entschuldigt sein.
Das setzt das Vorliegen einer Notstandslage, also einer nicht anders abwendbaren Gefahr für Leib, Leben oder Freiheit eines Angehörigen oder einer anderen nahe stehenden Person, voraus. Mangels Näheverhältnis zwischen D und M liegt keine Notstandslage vor, so dass D nicht gemäß § 35 entschuldigt werden kann.

b) entschuldigende Pflichtenkollision

D könnte aber im Rahmen des übergesetzlichen Notstandes gemäß § 35 I analog entschuldigt sein. Hierbei wird kein besonderes Näheverhältnis verlangt. Die Gefahr für die Rechtsgüter des M genügt vielmehr den Anforderungen an eine übergesetzliche Notstandslage.

Allerdings müsste sich D in einem **unentrinnbaren Gewissenskonflikt** befinden, also keinen anderen Ausweg zur Verfügung haben, um die Gefahr von M abzuwenden. Hierbei wäre zwingend die Gegenüberstellung von G und S in Betracht zu ziehen gewesen, die D auch bekannt war. Folglich scheidet in Ermangelung einer unausweichlichen Situation auch die Pflichtenkollision als Entschuldigungsgrund aus.

c) Verbotsirrtum

D könnte sich aber in einem Verbotsirrtum gemäß § 17 befunden haben. Das setzt voraus, dass ihm in der Annahme, dass eine Verbotsnorm fehlt, bzw. eine Erlaubnisnorm einschlägig ist, die Einsicht fehlte, Unrecht zu tun. D hat den Vorgang sauber protokolliert und damit deutlich gemacht, dass er zumindest Zweifel hatte, ob er Unrecht begeht. Deshalb steht zu vermuten, dass D die Begehung von Unrecht in seinen Vorsatz mit aufgenommen hat. Allerdings ist es nicht ausgeschlossen, dass D nur sicherheitshalber ein Protokoll anfertigte und er in der Überzeugung handelte, rechtmäßig zu agieren. Deshalb ist in dubio pro reo von einem Verbotsirrtum auszugehen.

Dieser Irrtum hätte auch unvermeidbar sein müssen. Als Polizist muss D mit den Rechtsvorschriften vertraut sein. Außerdem trifft ihn eine Pflicht, die Rechtslage zu ergründen.

Hier sind zwei alternative Lösungen möglich:

h.M.	**M.M.**
Die Rechtslage ist klar. Polizeibeamten ist Folter schon durch die Polizeigesetze aller 16 Länder verboten, zum Beispiel durch § 35 PolG Baden-Württemberg und durch § 136 a Strafprozessordnung. Dem Vorschlag, das Folterverbot in besonderen Ausnahmefällen gegenüber der Schutzpflicht des Staates für das Leben des Entführten zurücktreten zu lassen, ist vom EGMR mehrfach eine deutliche Absage erteilt worden. Die Rechtslage ist eindeutig, nur die Wissenschaft streitet sich. Deshalb war der Irrtum vermeidbar. D ist somit nicht gemäß § 17 S. 1 entschuldigt.	Jedoch drängte die Zeit, so dass von D nicht verlangt werden konnte, einen umfassenden Rechtsrat einzuholen. Außerdem wäre dieser auch sehr uneinheitlich gewesen. Aufgrund der Umstrittenheit der Frage, ob in dieser Situation zu einer Androhung der Folter gegriffen werden darf, hätte D keine eindeutige Rechtsauskunft erteilt bekommen. Deshalb war der Irrtum auch unvermeidbar. D ist somit gemäß § 17 S. 1 entschuldigt.

Ergebnis: D hat sich (nicht) wegen Nötigung gemäß § 240 I strafbar gemacht.

Fall 10

Sachverhalt

Kampfsportler K geht durch den Park, als er plötzlich von hinten in den Schwitzkasten genommen wird. K, der glaubt, es handele sich um einen Überfall, wehrt sich und bricht dem vermeintlichen Angreifer dabei beide Arme. Eigentlich hätte er sich mit Hilfe seiner Kampfsportkenntnisse aus dem Schwitzkasten befreien können, ohne dem anderen Verletzungen zuzufügen. K war jedoch in solcher Panik, dass er sich dessen nicht bewusst war. Bei dem „Angreifer" handelt es sich um einen Freund (F) des K, der sich mit diesem lediglich einen Scherz erlauben wollte.

Wie hat K sich strafbar gemacht?

Lösung:

Strafbarkeit des K gemäß § 223

K könnte sich durch das Brechen der Arme des F wegen Körperverletzung gemäß § 223 strafbar gemacht haben.

1. Tatbestand

a) Objektiver Tatbestand

K müsste F körperlich misshandelt oder dessen Gesundheit geschädigt haben. Eine körperliche Misshandlung ist eine üble, unangemessene Behandlung, die entweder das körperliche Wohlbefinden oder die körperliche Unversehrtheit nicht nur unerheblich beeinträchtigt. Eine Gesundheitsbeschädigung liegt vor, wenn ein pathologischer Zustand hervorgerufen oder gesteigert wird. Die Armbrüche stellen einen pathologischen Zustand und eine grobe, unangemessene Behandlung dar, somit hat K den F an der Gesundheit geschädigt und körperlich misshandelt.

b) Subjektiver Tatbestand

Der K hätte diesbezüglich auch vorsätzlich handeln müssen, § 15. Vorsatz ist das Wissen und Wollen der Tatbestandsverwirklichung. K wollte sich wehren und wusste auch, dass er bei seinem Angreifer Verletzungen hervorrufen würde; er handelte somit vorsätzlich.

2. Rechtswidrigkeit

Das Handeln des K könnte gerechtfertigt sein. Dazu müsste ein Rechtfertigungsgrund vorgelegen haben. Im vorliegenden Fall kommt Notwehr gemäß § 32 in Betracht. Dazu müsste im Zeitpunkt der Verletzungshandlung eine Notwehrlage seitens des K, also ein gegenwärtiger rechtswidriger Angriff vorgelegen haben. **Ein Angriff ist die von einem Menschen ausgehende unmittelbare Bedrohung rechtlich geschützter Güter.** K wurde zwar in den Schwitzkasten genommen, es handelte sich dabei jedoch lediglich um einen Scherz seines Freundes; von diesem ging keine Bedrohung aus. Somit nahm K lediglich irrig an, dass ein Angriff vorläge. Die Voraussetzungen der Notwehr liegen daher nicht vor. Andere Rechtfertigungsgründe sind nicht ersichtlich.

3. Schuld

a) K könnte aufgrund der irrigen Annahme einer Notwehrlage in einem sog. **Erlaubnistatumstandsirrtum** gehandelt haben. Dann hätte er schuldlos gehandelt. Damit der Vorsatz-Schuldvorwurf entfallen kann, müssten aber im vorliegenden Fall alle Voraussetzungen für einen Erlaubnistatumstandsirrtum gegeben sein. Dass heißt, der Täter müsste irrtümlich vom Vorliegen einer rechtfertigenden Sachlage ausgegangen sein und er müsste sich auf Basis dieser Fehlvorstellung so verhalten haben, wie es der fragliche Rechtfertigungsgrund gestattet.

Als K plötzlich von hinten in den Schwitzkasten genommen wurde, dachte er, dass es sich dabei um einen Überfall handele. Dies wäre ein **gegenwärtiger rechtswidriger Angriff** gewesen. Somit hätte eine Notwehrlage vorgelegen. Des Weiteren müsste die Notwehrhandlung des K erforderlich und geboten gewesen sein. Eine Notwehrhandlung ist dann erforderlich, wenn sie das mildeste Mittel ist, das dazu geeignet ist, den Angriff sofort und ohne Risiko abzuwenden. Hier war die Verteidigung zwar dazu geeignet, den vorgestellten Angriff abzuwenden, jedoch hätte es noch ein milderes Mittel gegeben.

K hätte dem F nicht die Arme brechen zu brauchen, denn gerade als Kampfsportler weiß er Griffe anzuwenden, die ihn aus der Gefahrenlage gebracht hätten, ohne seinem Gegenüber Verletzungen zuzufügen. **Somit wendete K hier nicht das mildeste Mittel an, und die Notwehrhandlung überschritt die Grenzen der Erforderlichkeit.** Die Voraussetzungen für das Vorliegen eines Erlaubnistatumstandsirrtums liegen nicht vor. Der Vorsatz-Schuldvorwurf bleibt bestehen.

b) Möglicherweise kommt im vorliegenden Fall aber eine Entschuldigung nach § 33 wegen **intensiven Notwehrexzesses** in Betracht. Voraussetzung ist dafür zunächst, dass die Grenzen der Notwehr aus den in § 33 genannten Gründen, den sog. asthenischen Affekten, die einem Gefühl der Bedrohtheit erwachsen, überschritten werden. K wurde von dem Überfall überrascht und handelte in Panik und Schrecken. Diese Voraussetzung des § 33 ist daher erfüllt. Problematisch ist jedoch, dass im Rahmen des § 33 die Notwehrlage objektiv vorliegen muss; K bildete sich jedoch eine Notwehrlage nur ein, dies genügt aber nicht für eine Entschuldigung nach § 33. Fraglich ist wie ein solcher Putativnotwehrexzess zu behandeln ist.

aa) Eine Ansicht **will § 33 analog** in solchen Fällen zur Anwendung kommen lassen, in denen der Täter den Irrtum über die Notwehrlage nicht vermeiden konnte. K wurde von hinten überfallen, so dass er keine Möglichkeit mehr hatte, sich vor seiner Verteidigungshandlung von der Identität des Angreifers ein Bild zu machen und somit festzustellen, dass es sich gar nicht um einen Angriff handelte. Also wäre K nach § 33 analog entschuldigt und straflos.

bb) Nach der herrschenden Meinung wird der Putativnotwehrexzess wie ein **Verbotsirrtum nach § 17** behandelt. K wäre entschuldigt, wenn sowohl der Irrtum über das Vorliegen der Notwehrlage als auch der Irrtum über die Grenzen der Notwehrhandlung unvermeidbar waren. Der Irrtum über das Vorliegen der Notwehrlage war unvermeidbar (s.o.). Da bei der Vermeidbarkeit immer auch die **besonderen Fähigkeiten und Kenntnisse des Täters berücksichtigt** werden, hätte K insbesondere als Kampfsportler erkennen müssen, dass er sich auch mit weniger folgenstarken Handlungen wirksam hätte verteidigen können. Folglich war der Irrtum über die Intensität der Verteidigung vermeidbar; eine Entschuldigung nach § 17 scheidet nach dieser Ansicht aus, es bleibt nur eine Strafmilderungsmöglichkeit nach § 49 I.

cc) Da die beiden Ansichten zu unterschiedlichen Ergebnissen kommen, ist zu entscheiden, welcher zu folgen ist. Gegen die zuerst genannte Ansicht spricht insbesondere, dass sie das Merkmal der **Vermeidbarkeit im Rahmen des § 33** anwendet, welches im Wortlaut des § 33 jedoch nicht enthalten ist. Es ist daher dogmatisch überzeugender, § 17 anzuwenden, bei dem die Vermeidbarkeit ein Tatbestandsmerkmal ist, zumal hierzu auch nicht die Konstruktion einer Analogie vonnöten ist. K handelte somit auch schuldhaft.

Ergebnis: K hat sich gemäß § 223 strafbar gemacht.

Fall 11

Sachverhalt

K wird von einem Hooligan (H) angegriffen. Er wehrt sich und wirft den Angreifer zu Boden. Dort hält K den H fest und tritt mehrmals mit festen Schuhen wütend auf diesen ein, um ihm zu zeigen, dass er sich nicht ungestraft überfallen lasse. H trägt mehrere Prellungen und blaue Flecke davon.

Wie hat K sich strafbar gemacht?

Lösung:

Strafbarkeit gemäß §§ 223, 224 I Nr. 2
K könnte sich durch das Treten des H wegen gefährlicher Körperverletzung gemäß §§ 223, 224 I Nr. 2 strafbar gemacht haben.

1. Tatbestand

a) Tatbestand des Grunddelikts

aa) Objektiver Tatbestand
K müsste H körperlich misshandelt oder an der Gesundheit geschädigt haben. Eine Gesundheitsschädigung ist das Hervorrufen eines pathologischen Zustandes. H trug mehrere Prellungen und blaue Flecke davon. Somit schädigte K ihn an der Gesundheit.

bb) Subjektiver Tatbestand
K handelte vorsätzlich.

b) Tatbestand der Qualifikation
K könnte die Körperverletzung durch den Einsatz eines gefährlichen Werkzeugs hervorgerufen haben. Gefährlich ist ein Werkzeug, wenn es aufgrund seiner Beschaffenheit und seiner Benutzung im konkreten Fall geeignet ist, erhebliche Verletzungen hervorzurufen. Tritte mit einem festen Schuh können erhebliche Verletzungen hervorrufen; es handelt sich folglich bei dem beschuhten Fuß um ein gefährliches Werkzeug.

2. Rechtswidrigkeit

Das Handeln des K könnte gerechtfertigt gewesen sein. Als Rechtfertigungsgrund kommt Notwehr gemäß § 32 in Betracht. Dazu müsste ein gegenwärtiger rechtswidriger Angriff vorgelegen haben. Der Überfall des H auf K stellt einen rechtswidrigen Angriff dar. Fraglich ist jedoch, ob der Angriff im Zeitpunkt der Verteidigungshandlung, des Tretens, noch gegenwärtig war. Gegenwärtig ist ein Angriff dann, wenn er kurz bevorsteht, gerade stattfindet oder noch fortdauert. Der Angriff des H auf den K wurde jedoch bereits dadurch beendet, dass K ihn zu Boden warf und dort festhielt. Im Zeitpunkt der Tritte war der Angriff daher nicht mehr gegenwärtig; eine Notwehrlage war somit in diesem Zeitpunkt nicht mehr gegeben.

3. Schuld

Als Entschuldigungsgrund kommt im vorliegenden Fall der **Notwehrexzess** gemäß § 33 in Betracht. Dazu müsste K die Grenzen der Notwehr überschritten haben. Unstreitig von § 33 werden die Fälle erfasst, in denen der Täter die Grenzen der Erforderlichkeit der Notwehr überschreitet, sog. intensiver Notwehrexzess. Fraglich ist jedoch, ob davon auch die Fälle erfasst werden, in denen die zeitliche Grenze der Notwehr überschritten wird, wenn also der Angriff nicht mehr gegenwärtig ist, sog. extensiver Notwehrexzess.

a) Nach einer Ansicht soll § 33 auch auf den **extensiven Notwehrexzess** anwendbar sein, denn eine Beschränkung lediglich auf den intensiven Notwehrexzess könne sich aus dem Gesetzeswortlaut gerade nicht ergeben. Dieser spreche lediglich von den Grenzen der Notwehr, davon seien auch die zeitlichen Grenzen umfasst. Nach dieser Ansicht könnte § 33 im vorliegenden Fall zur Anwendung kommen.

b) Die Gegenansicht beschränkt die Anwendbarkeit des § 33 auf den **intensiven Notwehrexzess.** Danach wäre § 33 vorliegend nicht anzuwenden.

c) Aufgrund der unterschiedlichen Ergebnisse der beiden Theorien muss es zu einer Entscheidung kommen. Gegen die zuerst genannte Ansicht spricht, dass die **unrechtsmindernde Notwehrlage**, die die Schuld im Rahmen des § 33 entfallen lässt, beim extensiven Notwehrexzess gerade nicht mehr besteht. Eine derartige Ausweitung des § 33 ist nicht zu begründen. Folglich kann § 33 auf Fälle des extensiven Notwehrexzesses nicht angewendet werden. K handelte daher schuldhaft.

Ergebnis: K hat sich wegen gefährlicher Körperverletzung gemäß §§ 223, 224 I Nr. 2 strafbar gemacht.

Fall 12

Sachverhalt

Mafiaboss M befiehlt seinem Neffen N, den Pizzabäcker P zusammenzuschlagen. Dieser habe eine Abreibung und Warnung verdient, da er sich weigere, Schutzgeldzahlungen zu leisten. N ist dafür jedoch zu friedfertig und weigert sich, dies zu tun. Daraufhin droht M: Wenn N diesen Auftrag nicht zu seiner Zufriedenheit ausführe, dann würde er selbst bald Besuch von Ms Schlägertrupp bekommen. Verängstigt begibt N sich daraufhin zu P und verprügelt diesen.

Als P zu diesem Vorfall polizeilich als Zeuge vernommen wird, macht er aus Angst vor der Mafia falsche Angaben und behauptet, er sei in eine Wirtshausschlägerei geraten. Um seine Aussagen zu bekräftigen, beschwört P diese und glaubt, dass er sich wegen Meineides strafbar mache.

Wie haben sich die Beteiligten strafbar gemacht?

Lösung:

1. Tatkomplex: Die Abreibung

A. Strafbarkeit des N gemäß § 223

N könnte sich durch das Verprügeln des P wegen Körperverletzung gemäß § 223 strafbar gemacht haben.

1. Tatbestand

a) Objektiver Tatbestand

N müsste P körperlich misshandelt oder an der Gesundheit beschädigt haben. Eine körperliche Misshandlung ist eine grobe unangemessene Behandlung, die das körperliche Wohlbefinden nicht nur unerheblich beeinträchtigt. Dies ist beim Verprügeln der Fall; N hat den P folglich körperlich misshandelt. Eine Gesundheitsbeschädigung ist das Hervorrufen oder Steigern eines pathologischen Zustandes. Schläge führen zu blauen Flecken und somit auch zu einem pathologischen Zustand. Der objektive Tatbestand des § 223 ist daher in beiden Varianten erfüllt.

b) Subjektiver Tatbestand

N wollte den Tatbestand auch verwirklichen, er handelte demnach vorsätzlich.

2. Rechtswidrigkeit

Ns Handlungen könnten gerechtfertigt sein.

a) Zunächst kommt als Rechtfertigungsgrund **Notwehr** in Betracht. Notwehr **gemäß § 32** erfordert das Vorliegen eines gegenwärtigen rechtswidrigen Angriffs. Ein Angriff ist die von einem Menschen ausgehende unmittelbare Bedrohung rechtlich geschützter Güter. M droht dem N zwar damit, ihn zusammenschlagen zu lassen. Dies stellt eine von einem Menschen ausgehende Bedrohung dar. Allerdings muss sich die Notwehrhandlung gegen den Angreifer wenden. Dies ist vorliegend nicht der Fall, denn die Tathandlung richtet sich nicht gegen M, sondern gegen P. Von diesem geht aber der Angriff nicht aus. Des Weiteren steht der Angriff auch nicht unmittelbar bevor, so dass es zudem an der Gegenwärtigkeit mangelt. Durch Notwehr gemäß § 32 kann die Handlung des N daher nicht gerechtfertigt sein.

b) N könnte durch den rechtfertigenden **Notstand gemäß § 34** gerechtfertigt sein.

aa) Es müsste zunächst eine Notstandslage vorgelegen haben. Dazu müsste eine gegenwärtige, nicht anders abwendbare Gefahr für ein schutzbedürftiges Rechtsgut des Täters vorgelegen haben. Eine Gefahr ist eine auf tatsächliche Umstände begründete Wahrscheinlichkeit eines schädigenden Ereignisses. Die Art der Gefahrenquelle ist dabei unerheblich, sie kann auch auf menschlichem Verhalten begründet sein. Im vorliegenden Fall geht die Gefahr einer Körperverletzung von M aus. Gegenwärtig ist die Gefahr, wenn ein Zustand vorliegt, dessen Weiterentwicklung den Eintritt oder die Intensivierung eines Schadens nach menschlicher Erwartung ernstlich befürchten lässt, sofern nicht alsbald Abwehrmaßnahmen ergriffen werden.

Gegenwärtigkeit liegt auch bei einem gefahrdrohenden Zustand von längerer Dauer vor, der jederzeit in eine Rechtsgutbeeinträchtigung umschlagen kann, ohne aber die Möglichkeit auszuschließen, dass der Eintritt des Schadens noch eine Zeitlang auf sich warten lässt. Diese so genannte Dauergefahr schwebt somit wie ein Damoklesschwert über dem Betroffenen. Das Merkmal der Gegenwärtigkeit einer Gefahr im Sinne des § 34 reicht daher weiter als die Gegenwärtigkeit eines Angriffes im Sinne des § 32. Hier besteht die Gefahr der Körperverletzung, wenn N nicht seinerseits die von ihm geforderte Körperverletzung begeht. Wann diese Körperverletzung durch die Schläger des M erfolgen würde, ist ungewiss. Somit liegt eine Dauergefahr vor, die Gefahr ist also gegenwärtig; eine Notstandslage ist somit gegeben.

bb) Die **Notstandshandlung** hätte in den Grenzen des § 34 erfolgen müssen, d.h. sie hätte nicht anders abwendbar sein dürfen. Dies war vorliegend der Fall, eine mildere Abwehrmaßnahme stand dem Täter nicht zur Verfügung. Des Weiteren müsste das geschützte Interesse das beinträchtige wesentlich überwiegen. Ob diese Interessenabwägung vorliegend zugunsten des Täters zu entscheiden ist, ist fraglich. Diese Entscheidung kann jedoch dahinstehen, wenn es sich bei der Notstandshandlung nicht um ein angemessenes Mittel nach § 34 S. 2 handelt. N wird zur Begehung einer rechtswidrigen Tat, der Notstandshandlung, genötigt. Es liegt ein so genannter Nötigungsnotstand vor. Es ist umstritten, ob eine solche Notstandshandlung angemessen sein kann im Sinne von § 34 S. 2, ob also in dieser Situation eine Rechtfertigung nach § 34 überhaupt möglich ist.

(1) Nach einer Ansicht kann ein **Nötigungsnotstand das Verhalten des Genötigten nicht nach § 34 rechtfertigen**; es kommt lediglich eine Entschuldigung nach § 35 in Betracht. Denn das Opfer kann, wenn der Angreifer durch Nötigungsnotstand gerechtfertigt ist, nicht mehr gemäß § 32 gerechtfertigt sein, da es an einem rechtswidrigen Angriff fehlt.

(2) Nach der entgegengesetzten Ansicht wird eine Rechtfertigung des abgenötigten Verhaltens befürwortet, **denn der Wortlaut des § 34 schließe eine Anwendung in einem solchen Fall nicht aus**. Insbesondere sei die Gefahrenquelle unerheblich, so könne die Gefahr auch von einem Menschen ausgehen.

(3) Nach der vermittelnden Ansicht kommt eine Rechtfertigung **nach § 34 dann in Betracht, wenn auf Seiten des Dritten nur Sachwerte, nicht aber höchstpersönliche Rechtsgüter bedroht sind**, und wenn der Genötigte in einer Gefahr für Leib, Leben oder Freiheit schwebt. Bei Angriffen auf höchstpersönliche Rechtsgüter des Dritten bleibt § 34 nicht anwendbar. Im vorliegenden Fall handelt es sich um einen Angriff auf die Gesundheit des P, es sind somit nicht nur Sachwerte bedroht. Es käme nach dieser Ansicht also ebenfalls keine Rechtfertigung in Betracht.

(4) Da die aufgezeigten Ansichten zu unterschiedlichen Ergebnissen kommen, ist zu entscheiden, welcher zu folgen ist. Gegen die zweite Ansicht spricht, dass im Falle der Anwendbarkeit des § 34 dem unbeteiligten Dritten das Notwehrrecht gegen die Handlung des Genötigten genommen wird (**sog. Notwehrprobe**). Durch die Rechtfertigung der Verletzungshandlung handelt es sich dann gerade nicht um einen rechtswidrigen Angriff. Somit ist diese Ansicht abzulehnen, die anderen beiden kommen zum gleichen Ergebnis. Eine Körperverletzung ist in der vorliegenden Situation eines Nötigungsnotstandes daher kein angemessenes Notstandsmittel, eine Rechtfertigung ist nicht möglich.

3. Schuld

N könnte jedoch entschuldigt sein. Es kommt hier eine Entschuldigung nach § 35 in Betracht. Es müsste eine nicht anders abwendbare Gefahr für Leben, Leib oder Freiheit vorgelegen haben. Es lag eine gegenwärtige, nicht anders abwendbare Gefahr für Ns Gesundheit vor. Gemäß § 35 S.2 entfällt der Schuldvorwurf nur dann nicht, wenn dem Täter die Hinnahme der Tat zugemutet werden kann. Dies ist in der Regel nur dann der Fall, wenn er die Gefahr selbst verursacht hat oder in einem besonderen Rechtsverhältnis mit erhöhten Gefahrtragungspflichten steht. Dies ist bei N jedoch nicht der Fall. Somit konnte es ihm auch nicht zugemutet werden, die Gefahr hinzunehmen. N ist demnach entschuldigt.

Ergebnis: N hat sich nicht wegen Körperverletzung gemäß § 223 strafbar gemacht.

B. Strafbarkeit des M

I. Strafbarkeit gemäß § 240

M könnte sich durch die Drohung, den N verletzen zu lassen, wenn er nicht P verprügle, wegen Nötigung gemäß § 240 strafbar gemacht haben.

1. Tatbestand

a) Objektiver Tatbestand

M müsste N mit Gewalt oder durch Drohung mit einem empfindlichen Übel zu einer Handlung, Duldung oder Unterlassung genötigt haben. M drohte N damit, dass er zusammengeschlagen werde, wenn er seinerseits nicht P verprügeln würde. Dies stellt ein empfindliches Übel dar. Aus Angst vor den Schlägen nahm N die von ihm verlangte Handlung vor. Somit nötigte M den N durch Drohung zur Vornahme einer Handlung.

b) Subjektiver Tatbestand

M handelte mit Wissen und Wollen bezüglich der Tatbestandsverwirklichung; er handelte demnach vorsätzlich.

2. Rechtswidrigkeit

Rechtfertigungsgründe sind nicht ersichtlich.
Gemäß § 240 II ist eine Nötigung rechtswidrig, wenn die Androhung des Übels zu dem angestrebten Zweck verwerflich ist (verwerfliche Zweck-Mittel-Relation). Dabei ist auf die Sozialwidrigkeit des Handelns abzustellen. Die Androhung einer Körperverletzung, um die Begehung einer Körperverletzung herbeizuführen, ist in hohem Maße sozialwidrig. M handelte daher rechtswidrig.

3. Schuld

Entschuldigungs- oder Schuldausschließungsgründe sind nicht ersichtlich. M handelte daher schuldhaft.

Ergebnis: M hat sich wegen Nötigung gemäß § 240 strafbar gemacht.

II. Strafbarkeit gemäß §§ 223, 25 I Var. 2

M könnte sich durch die Drohung, den N verletzen zu lassen, wenn er nicht seinerseits den P verprügle, wegen Körperverletzung in mittelbarer Täterschaft strafbar gemacht haben, gemäß §§ 223, 25 I 2. Halbsatz.

1. Tatbestand

a) Objektiver Tatbestand

M müsste einen anderen Menschen körperlich misshandelt oder an der Gesundheit geschädigt haben. Vorliegend hat aber nicht M, sondern N diese Tathandlung verwirklicht. M könnte das Handeln des N jedoch über die mittelbare Täterschaft gemäß § 25 I Var. 2 zuzurechnen sein. Mittelbarer Täter ist, wer die Tat durch einen anderen begeht, wer also bei der Vornahme der Tatbestandshandlung einen Tatmittler in Gestalt eines menschlichen Werkzeugs für sich handeln lässt. Dabei muss beim Werkzeug ein Strafbarkeitsmangel vorliegen. N müsste straflos gehandelt haben. Er war aufgrund des Nötigungsnotstandes gemäß § 35 entschuldigt und handelte daher straflos (s.o.). Des Weiteren müsste die Wissens- oder Willensherrschaft über das Geschehen bei M gelegen haben. M nötigte N zur Vornahme der tatbestandlichen Handlung. E hatte demnach die Willensherrschaft über das Geschehen.

b) Subjektiver Tatbestand

M müsste vorsätzlich gehandelt haben, insbesondere müsste er sich über seine Tatherrschaft bewusst gewesen sein. M wusste, dass sein friedfertiger Neffe P nur deshalb verprügelte, weil M ihm drohte. Er handelte somit vorsätzlich.

2. Rechtswidrigkeit: M handelte rechtswidrig.

3. Schuld: M handelte schuldhaft.

Ergebnis: M hat sich wegen Körperverletzung in mittelbarer Täterschaft gemäß §§ 223, 25 I 2. Halbsatz strafbar gemacht.

Konkurrenzen:

M hat sich wegen Nötigung in Tateinheit mit Körperverletzung in mittelbarer Täterschaft gemäß §§ 240, 223, 25 I 2, 52 strafbar gemacht.

2. Tatkomplex: Die Zeugenvernehmung

I. Strafbarkeit des P gemäß § 154

P könnte sich durch das Beschwören der falschen Angaben wegen Meineides gemäß § 154 strafbar gemacht haben.

Die Polizei müsste eine zur Eidesabnahme zuständige Stelle sein. Gemäß § 161 I 3 StPO ist jedoch allein der Richter zur eidlichen Vernehmung befugt. Folglich ist die Polizei keine Stelle im Sinne des § 154. Daher ist weder die eine Falschaussage noch das Beschwören dieser Aussage vor der Polizei strafbar nach den §§ 153, 154.

Ergebnis: P hat sich nicht wegen Meineides gemäß § 154 strafbar gemacht.

II. Strafbarkeit des P gemäß §§ 154, 22, 23

P könnte sich durch das Beschwören der falschen Angaben wegen versuchten Meineides gemäß §§ 154, 22, 23 strafbar gemacht haben.

1. Nichtvollendung und Strafbarkeit des Versuchs

Der objektive Unrechtstatbestand dürfte nicht oder nicht vollständig erfüllt sein. Die Polizei ist keine zur Abnahme von Eiden berechtigte Stelle im Sinne des § 154, somit liegt Nichtvollendung vor.
Der versuchte Meineid ist gemäß §§ 154,12, 23 I strafbar.

2. Tatentschluss

P hätte mit Tatentschluss handeln müssen. Tatentschluss liegt vor, wenn der Täter vorsätzlich bezüglich aller objektiven Tatbestandsmerkmale handelte und auch alle besonderen subjektiven Tatbestandsmerkmale gegeben sind. P wollte falsche Angaben machen und diese auch beschwören, weil er Angst vor der Mafia hatte. Er glaubt, dass das Schwören eines Meineides vor der Polizei ein strafbares Verhalten darstelle. Fraglich ist, wie sich dieser Irrtum des P auf seine Strafbarkeit auswirkt. **Handelt es sich aufgrund des Irrtums um einen untauglichen Versuch, so bliebe eine Strafbarkeit wegen Versuchs bestehen. Handelt es sich jedoch um ein Wahndelikt, so läge kein strafbares Verhalten vor.** Somit ist eine Abgrenzung vorzunehmen.

Ein untauglicher Versuch liegt vor, wenn der Täter irrig Umstände annimmt, die, wenn sie gegeben wären, das Handeln strafbar machen würden. Ein Wahndelikt liegt vor, wenn der Täter sein tatsächliches Handeln richtig erfasst, jedoch irrigerweise davon ausgeht, dass dieses Verhalten einen nicht existierenden Straftatbestand erfülle. Im vorliegenden Fall weiß P, dass er vor einem Polizisten und nicht vor einem Richter eine Zeugenaussage macht. Er geht jedoch davon aus, dass auch die Abgabe eines Meineides vor einem Polizisten einen in Wirklichkeit nicht bestehenden Straftatbestand erfülle. Somit liegt ein strafloses Wahndelikt vor.

Ergebnis: P hat sich nicht wegen versuchten Meineides gemäß §§ 154, 22, 23 strafbar gemacht.

Fall 13

Sachverhalt

Kioskpächter K ist ein großer Fan von Menthol-Dragees. Dies weiß der Menthol-Dragee-Hersteller M, der ebenso Kenntnis von der leichten Beeinflussbarkeit des K hat. Deshalb fragt er ihn, ob er sich der Gruppe der Fundamentholisten anschließen wolle, die sich stark für die Verbreitung des Menthol-Dragee-Konsums einsetzt. Schnell entscheidet sich der leichtgläubige K und wird zum strenggläubigen Fundamentholisten. Bald tritt M mit einem besonderen Auftrag an ihn heran. Er möge bitte beim großen Gummibärchen-Kongress eine Puppe aufstellen, die einen Gürtel aus Menthol-Dragee-Stangen um die Taille hat. Damit soll ein Zeichen des Protests gesetzt werden. Als sich K dazu bereit erklärt hat, erläutert M weiter, dass sich in den Stangen in Wahrheit Dynamit befinde. Dieses müsse K zünden und dann würde das ganze Kongresszentrum explodieren. K denkt sich, dass das doch wohl illegal sei, aber M erklärt ihm, dass dies vom Gesetz gedeckt sei. Der anfangs noch zögernde K, der unter dem überragenden Einfluss des M steht, sieht nach und nach ein, dass dieses Verhalten vom Gesetz einfach nicht missbilligt sein kann. Schließlich stellt es die einzige Möglichkeit dar, wie M äußerst plausibel darlegt, die Menschheit von der Unsittlichkeit, Gefährlichkeit und Niederträchtigkeit des Gummibärchenkonsums zu bewahren. Es droht nach Ms Aussagen ein Massensterben wegen Gelatinevergiftungen, denn Gott wird in Kürze die Zusammensetzung aller auf der Erde befindlichen Gummibärchen mit einer toxischen Substanz versetzen, weil sie ihm ein Dorn im Auge sind. Dies habe er in einer göttlichen Eingebung erfahren. K sei der Auserwählte, der berufen sei, die Welt vor diesem Unheil zu retten, wobei es erforderlich sei, die Gummibärchen-Vertreter zu töten, weil diese zu borniert seien, ihre Produktion einzustellen. In Wahrheit will M, wie K verkennt, nur die Konkurrenz ausschalten.
K erkennt, dass das Gesetz von ihm verlangt, diesen fundamentholen Schritt zu gehen. Er führt den Auftrag aus. Durch das Dynamit wird das Kongresszentrum völlig zerstört. 199 Gummibärchen-Vertreter finden ihren Tod.

Welche Tötungsdelikte haben M und K schuldhaft begangen?
Im psychiatrischen Gutachten wird eine verminderte Schuldfähigkeit des K festgestellt.

Lösung:

A. Strafbarkeit des K

I. Strafbarkeit des K gemäß §§ 212 I, 211

K könnte sich durch Zünden des Dynamits, das 199 Menschen tötete, wegen Mordes in 199 Fällen gemäß §§ 212 I, 211 strafbar gemacht haben.

1. Tatbestand

a) objektiver Tatbestand

Durch die kausale und zurechenbare Herbeiführung des Todes der Vertreter hat K den tatbestandlichen Erfolg des § 211 herbeigeführt.

aa) Heimtücke

K könnte zudem heimtückisch gehandelt haben. Dazu müsste er die Arg- und Wehrlosigkeit der Opfer in feindlicher Willensrichtung ausgenutzt haben. Arglos ist, wer sich keines Angriffs versieht. Wehrlos ist, wer infolge seiner Arglosigkeit in seiner Verteidigungsmöglichkeit eingeschränkt ist. K nutzte bewusst aus, dass sich die Gummibärchen-Vertreter keines Angriffs versahen und dadurch wehrlos waren. Damit handelte er heimtückisch.

bb) gemeingefährliche Mittel

K könnte die Tötung auch mit gemeingefährlichen Mitteln begangen haben. Gemeingefährlich sind Mittel, die das Leben einer im konkreten Fall nicht abschätzbaren Zahl von Opfern bedrohen. Indem K Dynamit in einem Kongresszentrum zündete, hatte er nicht unter Kontrolle, wie viele Menschen zu Tode kommen würden. Folglich tötete er mit gemeingefährlichen Mitteln.

b) subjektiver Tatbestand

K handelte mit Wissen und Wollen hinsichtlich der Tötung und der die Tat als Mord charakterisierenden Umstände. Mithin hatte er Vorsatz (§ 15).

2. Rechtswidrigkeit

K könnte aufgrund eines Rechtfertigungsgrundes gerechtfertigt sein.

a) Notwehr

In Betracht kommt eine Rechtfertigung durch Notwehr gemäß § 32. Das setzt zuerst das Vorliegen eines gegenwärtigen rechtswidrigen Angriffs voraus. Ein Angriff ist die von einem Menschen ausgehende unmittelbare Bedrohung rechtlich geschützter Güter. Objektiv drohte keine Beeinträchtigung rechtlich geschützter Interessen durch die Gummibärchen-Vertreter. Eine Rechtfertigung durch Notwehr scheidet damit aus.

b) Notstand

Weiterhin ist das Vorliegen eines rechtfertigenden Notstands gemäß § 34 zu prüfen. Dieser setzt eine gegenwärtige Gefahr für das Leben oder ein anderes Rechtsgut voraus. Eine Gefahr ist eine auf tatsächliche Umstände begründete Wahrscheinlichkeit eines schädigenden Ereignisses. Objektiv war keine Beeinträchtigung rechtlich geschützter Interessen zu erwarten. Mangels Notstandslage scheidet auch eine Rechtfertigung gemäß § 34 aus.

3. Schuld

K könnte sich in einem Erlaubnistatumstandsirrtum befunden haben. Dies ist der Fall, wenn er sich Umstände vorstellte, bei deren tatsächlichem Vorliegen er gerechtfertigt wäre.

a) Putativnotwehr

K könnte an Tatumstände geglaubt haben, die zu einer Rechtfertigung gemäß § 32 geführt hätten. Er müsste sich dazu eine Notwehrlage, also einen gegenwärtigen, rechtswidrigen Angriff vorgestellt haben. K nahm zwar Gegebenheiten an, bei denen das Leben objektiv bedroht war, jedoch ging der darin liegende gegenwärtige, rechtswidrige Angriff nicht von den Gummibärchen-Vertretern aus. Damit kommt auch bei Zugrundelegung von Ks Vorstellungen eine Rechtfertigung durch § 32 nicht in Betracht.

b) Putativnotstand

Im Putativnotstand hätte sich K befunden, wenn die von ihm vorgestellten Tatumstände zu einer Rechtfertigung gemäß § 34 geführt hätten. K stellte sich eine drohende Beeinträchtigung des Lebens zahlreicher Menschen, also eine Gefahr, vor. Damit nahm er eine Notstandslage begründende Umstände an. K dürfte auch nur Abwehrhandlungen vorgenommen haben, die geeignet und erforderlich sind, um die vorgestellte Lage abzuwenden. Aus der ex ante Sicht eines objektiven Betrachters war es bei Zugrundelegung der vorgestellten Situation auch das relativ mildeste Mittel, die Vertreter zu töten.

Auch die Interessenabwägung dürfte zu keinem anderen Ergebnis führen. Es ist dabei ein Vergleich des geschützten und des beeinträchtigten Rechtsguts vorzunehmen. Vorliegend stehen sich 199 Leben und Millionen Leben gegenüber. **Da aber Leben gegen Leben weder qualitativ noch quantitativ abgewogen werden dürfen, käme auch bei Zugrundelegung der Vorstellungen des K die Interessenabwägung zu dem Ergebnis, dass ihm die Tötung als Notstandshandlung zu verwehren ist.** Deshalb scheidet auch ein Putativnotstand aus.

c) entschuldigender Notstand

Es könnte aber ein entschuldigender Notstand im Sinne des § 35 I vorliegen. Dies setzt eine Gefahr für Leib, Leben oder Freiheit eines Angehörigen oder einer anderen nahe stehenden Person voraus. K wollte nicht nahe stehende Personen, sondern die Menschheit retten, so dass bereits die Notstandslage des § 35 I fehlt.

d) Vorstellung von entschuldigenden Umständen im Sinne des § 35 I

Da K sich nicht eine Bedrohung für eine ihm nahe stehende Personen vorstellte, die eine Notstandslage im Sinne des § 35 I darstellen würde, handelte er auch nicht im Irrtum des § 35 II.

e) entschuldigende Pflichtenkollision

K könnte sich in einer Situation übergesetzlicher entschuldigender Pflichtenkollision befunden haben. Dieser von der Rechtsprechung[12] entwickelte Entschuldigungsgrund soll Situationen Rechnung tragen, in denen eine Gefahr für eine sehr große Zahl von Menschenleben nur durch Opferung einer kleinen Anzahl von Menschen abgewendet werden kann. In Ermangelung einer derartigen Situation scheidet eine entschuldigende Pflichtenkollision aus.

f) Vorstellung von Umständen, die eine entschuldigende Pflichtenkollision begründen

K könnte aber Vorstellung von Umständen gehabt haben, die eine entschuldigende Pflichtenkollision begründen und damit der Regelung des § 35 II analog unterworfen sein. Zwar glaubte er auch an eine Situation, bei deren tatsächlichem Vorliegen er sich in einer entschuldigenden Pflichtenkollision befunden hätte. Jedoch lag der Kern seines Irrtums in der Annahme, sein Tun sei erlaubt, also gerechtfertigt. Deshalb ist es vorzugswürdig, das Vorliegen eines Verbotsirrtums zu prüfen.

g) Verbotsirrtum

K könnte in einem Verbotsirrtum in Form des Erlaubnisirrtums gemäß § 17 S. 1 gehandelt haben. Das setzt voraus, dass er über das Bestehen von Rechtfertigungsgründen geirrt hat. K meint erkannt zu haben, dass das Gesetz die Tötung der Vertreter gebietet, also die Tat rechtfertigt. Mithin befand er sich in einem Erlaubnisirrtum.

---

[12] BGH NJW 53, 313.

Der Erlaubnisirrtum führt gemäß § 17 S. 2 nur zur Straffreiheit, wenn er unvermeidbar war. K hätte sich durch Information bei einer unabhängigen oder rechtskundigen Person leicht über die Unrechtmäßigkeit seines geplanten Tuns Klarheit verschaffen können. Also war der Irrtum vermeidbar.

Ergebnis: K hat sich wegen Mordes in 199 Fällen gemäß §§ 212 I, 211 strafbar gemacht. Die Tat ist zweifach fakultativen Strafmilderungen im Sinne des § 49 I, einerseits aufgrund eines vermeidbaren Verbotsirrtums gemäß § 17 S. 2, andererseits aufgrund verminderter Schuldfähigkeit gemäß § 21, unterworfen.

B. Strafbarkeit des M

I. Strafbarkeit des M gemäß §§ 212 I, 211, 25 I Var.2

M könnte sich wegen Mordes in mittelbarer Täterschaft in 199 Fällen gemäß §§ 212 I, 211, 25 I Var.2 strafbar gemacht haben, indem er K dazu brachte, das Dynamit zu zünden und damit zahlreiche Menschen zu töten.

1. Tatbestand

a) objektiver Tatbestand

Das setzt zuerst voraus, dass M den K als sein Werkzeug nutzte. Der als Werkzeug fungierende Vordermann bei der mittelbaren Täterschaft zeichnet sich dadurch aus, dass er nicht volldeliktisch handelt. K handelte im vermeidbaren Verbotsirrtum. Somit stellt sich die umstrittene Frage, ob der vermeidbare Verbotsirrtum dem volldeliktischen Handeln im Sinne der mittelbaren Täterschaft entgegensteht.

aa) Die Rechtsprechung[13] und Teile der Literatur schließen **eine Begehung durch mittelbare Täterschaft bei einem vermeidbaren Verbotsirrtum des Haupttäters nicht aus**. Demzufolge könnte M als mittelbarer Täter gehandelt haben.

bb) Demgegenüber wird vertreten, dass **nur aufgrund eines unvermeidbaren Verbotsirrtums eine Beeinflussung im Sinne mittelbarer Täterschaft möglich ist**. Hiernach käme nur eine Bestrafung des M wegen Anstiftung zum Mord gemäß §§ 212 I, 211, 26 in Betracht.

---

[13] Etwa der BGH im zugrunde liegenden „Katzenkönigfall" (BGHSt 35, 347)

cc) Da die Ansichten zu unterschiedlichen Ergebnissen führen, ist der Streit zu entscheiden. Für die erste Ansicht spricht, dass nicht die normative Bewertung eines Irrtums als schuldausschließend maßgeblich ist, sondern nur die fehlende Unrechtseinsicht des Werkzeugs. Da der in einem Verbotsirrtum Befindliche, unabhängig von der Vermeidbarkeit, ohne Unrechtsbewusstsein handelt, kann er im Rahmen einer mittelbaren Täterschaft beeinflusst werden. Dem lässt sich entgegenhalten, dass **die gesetzgeberische Entscheidung zur Einordnung von Irrtümern nicht umgangen werden darf**, derzufolge auch der im vermeidbaren Verbotsirrtum Handelnde verantwortlich ist. Allerdings ist die Irrtumsproblematik nicht einfach mit normativen Verantwortlichkeitsüberlegungen zu lösen.

Denn der Hintermann übt einen beherrschenden Einfluss auf das Werkzeug aus und hat somit die erforderliche Tatherrschaft über den tatbestandsgemäßen Geschehensablauf, sowie den Täterwillen (animus auctoris) jeweils unter gleichzeitiger Beeinträchtigung der Täterposition des Werkzeugs. Letzterer steht unter dem übermächtigen Einfluss des Hintermanns, ähnlich der Situation des **„Täters hinter dem Täter"** bei mafia-ähnlichen Organisationsstrukturen. Deshalb ist die Möglichkeit der mittelbaren Täterschaft in den Fällen, in denen das Werkzeug im vermeidbaren Verbotsirrtum handelt, zu bejahen.

Daraus ergibt sich, dass M als mittelbarer Täter gehandelt hat.

b) subjektiver Tatbestand

M müsste auch vorsätzlich, das heißt mit Wissen und Wollen hinsichtlich aller objektiven Tatbestandsmerkmale gehandelt haben. M wusste und wollte K beeinflussen, also ihn als mittelbarer Täter beeinflussen. Auch wollte er den Tod der Vertreter heimtückisch und mit gemeingefährlichen Mitteln herbeiführen lassen. Folglich hatte er Vorsatz hinsichtlich aller objektiven Tatumstände. Darüber hinaus könnte M aus Habgier gehandelt haben. Aus Habgier tötet, wer bereit ist, für Geld über Leichen zu gehen. M verfolgt nur einen ökonomischen Zweck, indem er mittelbar die Vertreter tötet. Also handelt er aus Habgier.

2. Rechtswidrigkeit und Schuld: M handelte rechtswidrig und schuldhaft.

Ergebnis: M hat sich wegen Mordes in 199 Fällen in mittelbarer Täterschaft gemäß §§ 212 I, 211, 25 I Var.2 strafbar gemacht, indem er K dazu gebracht hat Dynamit zu zünden, was zum Tod von 199 Gummibärchen-Vertretern geführt hat.

Fall 14

Sachverhalt

S will seinen Deutschlehrer D mit einer Schrotflinte umbringen. Auf seinem Weg durch das Schulgebäude sieht er D von weitem, legt an und trifft ihn auch. Als er jedoch näher kommt, stellt er fest, dass er den D mit seinem Mathelehrer M verwechselt hat. Da er diesen jedoch noch nie leiden konnte, ist er damit ganz zufrieden. Als er sieht, dass er M nicht tödlich verwundet hat, legt er erneut an, um ihm den Rest zu geben. In diesem Moment hört er jedoch Polizeisirenen und bekommt es mit der Angst zu tun. Er lässt von M ab und rennt davon. M überlebt seine Verletzungen.

Wie hat S sich im Rahmen von Mord und / oder Totschlag strafbar gemacht?

Lösung:

I. Strafbarkeit gemäß §§ 212, 211, 22, 23 I

S könnte sich wegen des Schusses auf M wegen versuchten Mordes gemäß §§ 212, 211, 22, 23 I strafbar gemacht haben.

1. Nichtvollendung und Strafbarkeit des Versuchs

Der Tod eines Menschen trat nicht ein, und der versuchte Mord ist als Verbrechen nach §§ 23 I, 12 I strafbar.

2. Tatbestand

a) Tatentschluss

S hätte mit Tatentschluss handeln müssen. Fraglich ist wie, es sich auswirkt, dass er M für D hielt, als er auf ihn schoss. Der Vorsatz könnte vorliegend gemäß § 16 I entfallen. **Dann müsste es sich um einen Tatumstandsirrtum handeln. S unterliegt einem Irrtum über die Identität des Tatobjekts, einem *error in persona*.** Dieser lässt nur bei Ungleichwertigkeit der Objekte den Vorsatz gemäß § 16 entfallen. Bei tatbestandlicher Gleichwertigkeit, wie im vorliegenden Fall, ist er jedoch unbeachtlich. S hatte somit Vorsatz bezüglich der Tötung des M.

Dass S im Nachhinein mit der Identitätstäuschung einverstanden war, ist völlig unerheblich. Eigentlich ist ein solcher nachträglicher Vorsatz, sog. *dolus subsequens*, stets unbeachtlich, denn der Vorsatz muss im Zeitpunkt der Ausführungshandlung gegeben sein. Aufgrund der Gleichwertigkeit der Objekte bestand jedoch ein Vorsatz bereits während der Ausführungshandlung.

S handelte aus niedrigen Beweggründen, denn Tötung aus Rache steht sittlich und moralisch auf niedrigster Stufe. Dabei ist unerheblich, dass sich der Vorsatz bezüglich des Mordmerkmals eigentlich auf D bezieht, S jedoch auf M schießt, denn der Vorsatz wird von dem Irrtum wegen der tatbestandlichen Gleichwertigkeit der Objekte gerade nicht berührt. Tatentschluss lag somit vor.

b) Unmittelbares Ansetzen
S hätte zur Tat unmittelbar angesetzt haben müssen, § 22. Unmittelbares Ansetzen liegt vor, wenn der Täter subjektiv **die Schwelle zum „jetzt geht`s los" überschritten hat**; das ist dann der Fall, wenn er Handlungen vorgenommen hat, die nach seiner Vorstellung vom Tatablauf ohne weitere wesentliche Zwischenschritte in die Tatbestandshandlung einmünden sollen oder in unmittelbarem räumlichen und zeitlichen Zusammenhang mit ihr stehen, so dass das Angriffsobjekt aus der Sicht des Täters konkret gefährdet scheint.
S hatte bereits abgedrückt. Es liegt daher Teilverwirklichung vor. Folglich ist das unmittelbare Ansetzen zu bejahen.

3. Rechtswidrigkeit und Schuld liegen vor.

4. Persönlicher Strafaufhebungsgrund
S könnte vom versuchten Mord strafbefreiend gemäß § 24 I zurückgetreten sein.

a) Dann dürfte zunächst kein fehlgeschlagener Versuch vorliegen (s.o.). S wusste, dass er noch nicht alle Tatmittel erschöpft hatte, denn er legt erneut an, um nochmals einen Schuss auf M abzufeuern. Somit liegt kein fehlgeschlagener Versuch vor, ein Rücktritt war möglich.

b) Ob S Rettungshandlungen vornehmen musste (§ 24 I 1 Var.2) oder ob das Aufgeben der Tat für einen Rücktritt ausreichend ist, (§ 24 I 1 Var.1 entscheidet sich danach, ob es sich um einen beendeten oder unbeendeten Versuch handelt. Unbeendet ist ein Versuch dann, wenn der Täter noch nicht alles getan hat, was nach seiner Vorstellung von der Tat zur Erfolgsherbeiführung notwendig ist. **Für die Abgrenzung maßgeblich ist die Vorstellung des Täters nach Abschluss der letzten Ausführungshandlung, sog. Rücktrittshorizont.** Im vorliegenden Fall war S sich bewusst, dass er den M nicht tödlich getroffen hatte. Der Versuch war daher unbeendet. Bei einem unbeendeten Versuch reicht es aus, die weiteren Ausführungshandlungen aufzugeben. Die Vornahme von Rettungshandlungen ist nicht erforderlich. S feuerte keinen weiteren Schuss auf M ab, sondern ließ von ihm ab.

c) Des Weiteren müsste die Rücktrittshandlung, also hier **das Aufgeben der Tat**, gemäß § 24 I 1 Var.1 **freiwillig** erfolgen. Freiwilligkeit liegt dann vor, wenn der Täter durch autonome Motive zum Rücktritt veranlasst wird, wobei hierzu auch die Angst vor Strafe zählen kann. Im vorliegenden Fall ließ S jedoch nicht aus Angst vor Strafe von seinem Opfer ab, sondern aufgrund drohender Entdeckungsgefahr durch die Polizei. Durch die sich nähernde Polizei wurde die Sachlage zu Ungunsten des Täters so wesentlich verändert, dass er die damit verbundenen Nachteile vernünftigerweise nicht in Kauf zu nehmen vermag. Die Aufgabe der weiteren Tathandlungen war somit unfreiwillig.

Ergebnis: S ist nicht strafbefreiend vom versuchten Mord zurückgetreten und hat sich daher gemäß §§ 212, 211, 22, 23 I strafbar gemacht.

Fall 15

Sachverhalt

Apothekerin A hat herausgefunden, dass ihre Freundin F eine Affäre mit ihrem Mann hat. A ist hasserfüllt und möchte F umbringen. Daher fasst sie folgenden Plan: Beim nächsten Kaffeetrinken will sie F Gift, welches sie aus der Apotheke mitbringt, in den Kaffee mischen.
Beim nächsten Treffen stellt A der F eine Tasse mit vergiftetem Kaffee hin. Da F jedoch Magenschmerzen hat, möchte sie ausnahmsweise keinen Kaffee trinken. A geht mit dem vergifteten Getränk erbost in die Küche und ergreift dort ein großes Messer, mit dem sie die F erstechen will. Als sie aus der Küche zurückkehrt, sitzt F schluchzend da und gesteht A die Affäre. Dieses Geständnis bringt A zur Besinnung, sie wird sich des ganzen Ausmaßes ihres Vorhabens bewusst und gibt dieses reuevoll auf.

Wie hat A sich strafbar gemacht? (Mordmerkmale sind nicht zu prüfen.)

Zusatzfrage (Strafprozessrecht):
Frau S wurde von einem losen Bekannten als „Hure“ beschimpft. Sie möchte bei der Polizei eine Strafanzeige abgeben. Sie haben eine bessere Idee - welche?

Lösung:

Strafbarkeit gemäß §§ 212, 22, 23
A könnte sich durch Anbieten des vergifteten Kaffees wegen versuchten Totschlags gemäß §§ 212, 22, 23 strafbar gemacht haben.

1. Nichtvollendung und Strafbarkeit des Versuchs
Der objektive Unrechtstatbestand dürfte nicht oder nicht vollständig erfüllt sein. F wurde nicht getötet, somit liegt Nichtvollendung vor. Der versuchte Totschlag ist gemäß §§ 212,12 I, 23 I strafbar.

2. Tatbestand

a) Tatentschluss

A müsste mit Tatentschluss gehandelt haben. Tatentschluss liegt vor, wenn der Täter vorsätzlich bezüglich aller objektiven Tatbestandsmerkmale handelte und auch alle besonderen subjektiven Tatbestandsmerkmale gegeben sind. A wollte ihre Freundin aus Rache töten, weil diese eine Affäre mit ihrem Mann hatte. Sie handelte somit mit Tatentschluss.

b) Unmittelbares Ansetzen

A hätte zum Versuch unmittelbar ansetzen müssen, § 22. Unmittelbares Ansetzen liegt vor, wenn der Täter subjektiv **die Schwelle zum „jetzt geht`s los" überschritten hat**; das ist dann der Fall, wenn er Handlungen vorgenommen hat, die nach seiner Vorstellung vom Tatablauf ohne weitere wesentliche Zwischenschritte in die Tatbestandshandlung einmünden sollen oder in unmittelbarem räumlichen und zeitlichen Zusammenhang mit ihr stehen, so dass das Angriffsobjekt aus der Sicht des Täters konkret gefährdet scheint.

Durch das Bereitstellen des vergifteten Kaffees hat A alles getan, was nach ihrer Ansicht zur Tötung der F notwendig war. **Jedoch war zum Erfolgseintritt ein weiterer wesentlicher Zwischenschritt, nämlich das Trinken des vergifteten Kaffees, notwendig.** Diese Mitwirkungshandlung der F unterblieb jedoch. Es ist somit fraglich, ob es für die Bejahung des unmittelbaren Ansetzens gemäß § 22 ausreicht, wenn der Täter zwar bereits alles getan hat, was nach seiner Ansicht erforderlich war um den Erfolgseintritt zu bewirken, jedoch die ebenfalls erforderliche Mitwirkungshandlung des Opfers nicht vorgenommen wurde.

Solche Fälle weisen eine der mittelbaren Täterschaft verwandte Struktur auf, bei dem das Opfer zum Werkzeug seiner eigenen Tötung gemacht wird. Nach der h.M. erfolgt hier **kein genereller Rückgriff auf die Grundsätze der mittelbaren Täterschaft**, da der Täter eigenhändig Handlungen vornimmt und somit unmittelbarer Täter ist.[14] Allerdings ist für das unmittelbare Ansetzen auf die Kriterien des unmittelbaren Ansetzens bei der mittelbaren Täterschaft zurückzugreifen. Es wird danach entschieden, ob der Täter nach seinem Tatplan bereits alles Erforderliche getan hat, insbesondere ob er den Geschehensablauf bereits aus den Händen gegeben hat. Vor diesem Zeitpunkt

[14] „Giftfalle" BGH,NJW 97, 3453

liegt lediglich eine **Vorbereitungshandlung** vor. Im vorliegenden Fall hat A den Geschehensablauf bereits vollständig aus den Händen gegeben, denn F hätte nur noch Trinken müssen und war daher auch bereits konkret gefährdet. Das Vorliegen des unmittelbaren Ansetzens ist somit zu bejahen, obwohl noch ein entscheidender Schritt zur Verwirklichung des Taterfolges gefehlt hat, den das Opfer hätte vornehmen müssen.

3. Rechtswidrigkeit und Schuld

Rechtfertigungsgründe sind nicht ersichtlich. A handelte rechtswidrig. A handelte auch schuldhaft.

4. Persönlicher Strafaufhebungsgrund

A könnte gemäß § 24 strafbefreiend vom versuchten Totschlag zurückgetreten sein.

a) Ein Rücktritt kommt nur in Betracht, wenn kein fehlgeschlagener Versuch vorliegt. Ein fehlgeschlagener Versuch liegt vor, wenn der Täter aus seiner Sicht den Erfolgseintritt in unmittelbaren räumlichen oder zeitlichen Zusammenhang nicht mehr herbeiführen kann. A wollte F vergiften, diese trank jedoch den ihr angebotenen Kaffee nicht, weswegen A ihren ursprünglichen Plan nicht verwirklichen konnte. Fraglich ist, ob hier bereits ein fehlgeschlagener Versuch vorliegt, da die Täterin **zunächst nur an eine einzige Handlung gedacht hatte**. Als diese den Erfolg aber wider Erwarten nicht herbeiführte, wurde ihr bewusst, dass ihr andere wirksame Mittel, nämlich ein großes Küchenmesser, zur Vollendung der Tat zur Verfügung standen.

aa) Nach der **Gesamtbetrachtungslehre** des BGH liegt ein fehlgeschlagener Versuch nur vor, wenn die Tat aus Tätersicht überhaupt nicht mehr, oder nur noch mit einer ins Gewicht fallenden zeitlichen Zäsur erfolgreich verwirklicht werden kann. Scheitert hingegen lediglich der Einsatz des zunächst ins Auge gefassten Tatmittels, so liegt kein Fehlschlag vor, wenn der Täter, wie er weiß, im unmittelbaren Anschluss an sein bisheriges Tun erneut zum Angriff ausholen oder ein anderes zuvor gar nicht bedachtes Tatmittel einsetzten kann. Nach dieser Ansicht läge im vorliegenden Fall daher **kein fehlgeschlagener Versuch** vor: Das ursprüngliche Tatmittel, der vergiftete Kaffee, scheitert, aber A geht umgehend in die Küche und ergreift dort ein großes Messer. Folglich kann sie den beabsichtigten Erfolg, nämlich die Tötung der F, noch herbeiführen und dies auch ohne eine ins Gewicht fallende zeitliche Zäsur.

bb) Die **Einzelaktstheorie** erfasst dagegen jeden einzelnen Ausführungsakt, den der Täter bei Tatbeginn für erfolgsgeeignet gehalten hat, gesondert und behandelt ihn im Falle des Scheiterns als eigenständigen fehlgeschlagenen Versuch. Nach dieser Ansicht läge im vorliegenden Fall ein fehlgeschlagener Versuch vor: A hatte bei Tatbeginn den vergifteten Kaffee für erfolgsgeeignet gehalten, dieses Tatmittel scheiterte jedoch an der fehlenden Mitwirkung des Opfers. Dieser Ansicht zufolge wäre somit ein **Rücktritt im vorliegenden Fall nicht mehr möglich**.

cc) Gegen die zweite Theorie spricht, dass sie einen einheitlichen Lebenssachverhalt **willkürlich in mehrere Einzelakte aufspaltet**. Das führt zu einer unangemessenen Einschränkung der Rücktrittmöglichkeiten, denn im Hinblick auf den Opferschutz ist es angebracht, den Täter dazu zu bewegen, von der weiteren Tatausführung Abstand zu nehmen. Zudem ist darin, dass der Täter schließlich Abstand vom Einsatz weiterer geeigneter, ursprünglich nicht eingeplanter, Tatmittel nimmt, eine honorierfähige Umkehrleistung zu sehen. Somit liegt kein fehlgeschlagener Versuch vor. Ein strafbefreiender Rücktritt ist daher weiterhin möglich.

b) Die Voraussetzungen, die für die Annahme eines **strafbefreienden Rücktritts** vorliegen müssen, richten sich danach, ob im konkreten Fall ein unbeendeter oder ein beendeter Versuch vorliegt. Für einen unbeendeten Versuch ist das Aufgeben der Tat ausreichend (§ 24 I 1 Var.1); bei einem beendeten Versuch muss der Täter Rettungshandlungen vornehmen (§ 24 I 1 Var.2). Unbeendet ist ein Versuch dann, wenn der Täter noch nicht alles getan hat, was nach seiner Vorstellung von der Tat zur Erfolgsherbeiführung notwendig ist. Fraglich ist, auf welchen Zeitpunkt hinsichtlich dieser Tätervorstellung abzustellen ist.

aa) Nach der **Tatplantheorie** ist allein die Vorstellung des Täters über den Tatverlauf vor Beginn der Ausführungshandlung entscheidend. Sobald der Täter seinen ursprünglichen Tatplan verwirklicht hat, gilt der Versuch als beendet, auch wenn der Täter die mangelnde Eignung seines Tuns erkannte. Vorliegend dachte A vor Tatausführung, dass F den ihr angebotenen Kaffee trinken würde. Folglich läge hier nach der Tatplantheorie ein beendeter Versuch vor.

bb) Nach der **Lehre vom Rücktrittshorizont** ist für die Beurteilung, ob ein beendeter oder ein unbeendeter Versuch vorlag, darauf abzustellen, ob der Täter nach der letzten von ihm vorgenommenen Ausführungshandlung davon ausgeht, nun alles zur Herbeiführung des Erfolges Erforderliche getan zu haben, oder ob er glaubt, ohne weiteres Zutun werde der Erfolg ausbleiben. Im vorliegenden Fall merkt A nach Ausführung der letzten geplanten Ausführungshandlung, nämlich Hinstellen des vergifteten Kaffees, dass ihr ursprünglicher Plan nicht zum Erfolg führen würde. Daher handelt es sich nach der Lehre vom Rücktrittshorizont vorliegend um einen unbeendeten Versuch.

cc) Gegen die **Tatplantheorie** spricht, dass sie den mehrere Alternativen in Betracht ziehenden Täter gegenüber dem weniger kaltblütig planenden Täter privilegiert. Somit ist der Lehre vom Rücktrittshorizont zu folgen. Es liegt ein unbeendeter Versuch vor.

c) Des Weiteren müsste die Rücktrittshandlung, also hier das Aufgeben der Tat, gemäß § 24 I 1 Var.1 freiwillig erfolgen. Freiwilligkeit liegt dann vor, wenn der Täter durch autonome Motive zum Rücktritt veranlasst wird. A wird sich des Ausmaßes ihres Vorhabens bewusst und empfindet Reue. Dies ist ein autonomes Motiv, so dass sie die Ausführung der Tat auch freiwillig aufgab.

Ergebnis: A ist gemäß § 24 I 1 Var.1 strafbefreiend vom versuchten Totschlag zurückgetreten und somit nicht gemäß §§ 212, 22, 23 strafbar.

Zusatzfrage (Strafprozessrecht):

Sie sollte einen Strafantrag stellen. Denn bei einer Strafanzeige wird lediglich ein Sachverhalt der Polizei oder der Staatsanwaltschaft mitgeteilt, was dazu führen kann, dass ein Strafverfahren eingeleitet wird. **Mit einem Strafantrag bringt der Geschädigte zum Ausdruck, dass er seinen eigenen angezeigten Sachverhalt auch verfolgt sehen will.** Daher muss ein Strafantrag regelmäßig neben der Strafanzeige ausdrücklich gestellt werden. Frau S sollte einen Strafantrag nach § 194 StGB stellen. Nur ein Strafantrag kann zurückgenommen werden, nicht jedoch eine Strafanzeige.

Fall 16 und 17

Sachverhalt

Student S ist hoch verschuldet und beschließt, sich durch einen Einbruch Geld zu verschaffen. Daher begibt er sich eines Nachts zu einem Elektronikfachmarkt und bricht die Tür zum Lager auf, wobei er den Schließmechanismus der Tür beschädigt. Als S jedoch gerade eintreten will, sieht er, wie im Nachbarhaus das Licht angeht. Er bekommt Angst entdeckt zu werden, und läuft schnell davon.

Wie hat S sich strafbar gemacht?

Fall 17:
Käme eine Strafbarkeit nach §§ 242, 243 in Betracht, wenn S, gerade als er die Tür aufbrechen will, entdeckt, dass diese bereits offen ist, das Lager betritt und einen Flachbildschirm entwendet?

Lösung:

I. Strafbarkeit gemäß §§ 242, 243 I Nr. 1 Var. 1, 22, 23 I
S könnte sich durch das Aufbrechen der Lagertür wegen versuchten Diebstahls in einem besonders schweren Fall strafbar gemacht haben, gemäß §§ 242, 243 I Nr. 1, Var.1.[15]

1. Nichtvollendung und Strafbarkeit des Versuchs
Der objektive Unrechtstatbestand dürfte nicht oder nicht vollständig erfüllt sein. Eine Wegnahme liegt nicht vor, demnach ist der Versuch des Diebstahls nicht vollendet. Der versuchte Diebstahl ist strafbar gemäß § 242 II.

Fraglich ist jedoch, **ob die Regelbeispiele des § 243 I bei versuchtem Diebstahl Anwendung finden können**. Hierbei ist zunächst abzugrenzen, ob das Regelbeispiel voll verwirklicht ist, oder, so wie der Diebstahlstatbestand selbst, nur versucht. S hätte daher die Alternative des Einbrechens

---

[15] Falsch wäre es hier, nur den Versuch des § 243 zu prüfen, denn dabei handelt es sich nicht um einen eigenständigen Tatbestand, sondern um einen strafrahmenverschiebenden Straferschwerungsgrund. Diese sind immer gemeinsam mit dem Grunddelikt zu prüfen.

verwirklichen müssen. Einbrechen ist das nicht notwendig substanzverletzende Beseitigen einer Umschließung unter Aufwendung nicht unerheblicher körperlicher Kraft. Ein Betreten ist nicht erforderlich. Im vorliegenden Fall überwand S den Schließmechanismus der Lagertür derart, dass sie sich öffnen ließ. Das Regelbeispiel des § 243 I Nr. 1 Var.1 ist daher voll verwirklicht. Nach ganz h.M.[16] ist in Fällen der vollen Verwirklichung des Regelbeispiels der versuchte Diebstahl im besonders schweren Fall zu bejahen, sofern nicht besondere Umstände, die in der Tat oder Person des Täters liegen, die indizielle Wirkung des Regelbeispiels entkräften. Solche Umstände sind vorliegend nicht ersichtlich.

2. Tatbestand

a) Tatentschluss

S müsste zunächst mit vollem **Tatentschluss** gehandelt haben. Tatentschluss liegt vor, wenn der Täter vorsätzlich bezüglich aller objektiven Tatbestandsmerkmale handelte und auch alle besonderen subjektiven Tatbestandsmerkmale gegeben sind. S wollte Elektronikgegenstände mitnehmen, er wollte daher fremden Gewahrsam brechen, um eigenen zu begründen. Zudem wollte er die so erworbenen Sachen wirtschaftlich nutzen, somit handelte er auch mit Zueignungsabsicht. Voller Tatentschluss lag demnach bezüglich des Grundtatbestands des § 242 vor.

Auch bezüglich der **Strafschärfung des § 243** hätte S mit Tatentschluss handeln müssen, er hätte demnach Vorsatz bezüglich des Merkmals „einbrechen" haben müssen. Zwar handelt es sich bei § 243 nicht um einen Qualifikationstatbestand, jedoch verlangt auch eine Verurteilung nach dem erweiterten Strafrahmen, dass der Täter subjektiv alle Merkmale der in Betracht kommenden Tatbestandsalternative erfasst hat. S wollte den Schließmechanismus überwinden und ihn dazu aufbrechen. Demnach hatte er auch diesbezüglich Tatentschluss.

b) Unmittelbares Ansetzen

S müsste zur Verwirklichung des Diebstahlsvorsatzes bezüglich § 242 **unmittelbar angesetzt** haben, § 22. Unmittelbares Ansetzen liegt vor, wenn er Handlungen vorgenommen hat, die nach seiner Vorstellung vom Tatablauf ohne weitere wesentliche Zwischenschritte in die Tatbestandshandlung einmünden

---

[16] BGH NStZ 1985, 217 = StV 1985, 103.

sollen oder in unmittelbarem räumlichen und zeitlichen Zusammenhang mit ihr stehen, so dass das Angriffsobjekt aus der Sicht des Täters konkret gefährdet scheint. S muss also **subjektiv die Schwelle zum „jetzt geht`s los" überschritten haben.**

Hat der Täter bereits mit seiner tatbestandlichen Ausführungshandlung begonnen, ist ein unmittelbares Ansetzen unproblematisch zu bejahen (sog. **Teilverwirklichung**). Vorliegend hat der Täter zwar noch kein Tatbestandsmerkmal des Diebstahlstatbestandes verwirklicht, er hat aber bereits das Regelbeispiel des § 243 I Nr. 1 Var.1 erfüllt. Ob jedoch bereits die Verwirklichung eines Regelbeispiels stets ein unmittelbares Ansetzens bejahen lässt, ist fraglich.

aa) Nach einer Ansicht wird es für die Bejahung des unmittelbaren Ansetzens zum Diebstahl als ausreichend angesehen, dass der Täter **mit der Verwirklichung des Regelbeispiels begonnen hat**, auch wenn darin noch kein unmittelbares Ansetzen zur Wegnahme gesehen werden kann. Daher läge nach dieser Ansicht das unmittelbare Ansetzen bei S vor.

bb) Nach der anderen Ansicht reicht allein die Verwirklichung des Regelbeispiels nicht aus. Entscheidend ist danach, ob in der Verwirklichung bereits **ein unmittelbares Ansetzen zur Wegnahme gesehen werden kann**. Dass heißt, dass bereits durch die Verwirklichung des Regelbeispiels eine konkrete Gefährdung eingetreten sein müsste. S hatte nach dem Aufbrechen der Tür freien Zugang zum Lager und somit auch zu den elektronischen Geräten. Wesentliche Zwischenschritte waren zur Wegnahme nicht mehr notwendig. Eine konkrete Gefährdung lag daher bereits nach Aufbrechen der Tür vor. Somit ist auch nach dieser Ansicht ein unmittelbares Ansetzen gegeben.
Eine Entscheidung des Streits kann damit dahinstehen. S hat zur Tatbestandsverwirklichung unmittelbar angesetzt.

3. Rechtswidrigkeit und Schuld

S handelte rechtswidrig und schuldhaft.

4. Persönlicher Strafaufhebungsgrund

S könnte gemäß § 24 strafbefreiend vom versuchten Diebstahl zurückgetreten sein.

a) Ein Rücktritt kommt nur in Betracht, wenn kein **fehlgeschlagener Versuch** vorliegt. Ein fehlgeschlagener Versuch liegt vor, wenn der Täter aus seiner Sicht den Erfolgseintritt in unmittelbaren räumlichen oder zeitlichen Zusammenhang nicht mehr herbeiführen kann. S könnte noch in den Elektronikfachmarkt eindringen. Daher liegt kein fehlgeschlagener Versuch vor.

b) Die Voraussetzungen, die für die Annahme eines **strafbefreienden Rücktritts** vorliegen müssen, richten sich danach, ob im konkreten Fall ein unbeendeter oder ein beendeter Versuch vorliegt. Für einen unbeendeten Versuch ist das Aufgeben der Tat ausreichend (§ 24 I 1 Var.1); bei einem beendeten Versuch muss der Täter Rettungshandlungen vornehmen (§ 24 I 1 Var.2). Unbeendet ist ein Versuch dann, wenn der Täter noch nicht alles getan hat, was nach seiner Vorstellung von der Tat zur Erfolgsherbeiführung notwendig ist. S ist noch nicht in den Markt eingetreten, Damit hat er noch nicht alles getan; ein unbeendeter Versuch liegt vor. Er hat die Tat auch aufgegeben, was für § 24 I 1 Var. 1 ausreicht.

c) Des Weiteren müsste die Rücktrittshandlung, also hier das Aufgeben der Tat, gemäß § 24 I 1 Var.1 freiwillig erfolgen. Freiwilligkeit liegt dann vor, wenn der Täter durch autonome Motive zum Rücktritt veranlasst wird. S sieht das Licht im Nachbarhaus und bekommt Angst. Dies ist kein autonomes Motiv, so dass er die Ausführung der Tat auch nicht freiwillig aufgab.

Ein strafbefreiender Rücktritt des S liegt also nicht vor.

Ergebnis: Eine Strafbarkeit des S gemäß §§ 242 I, II; 243 I Nr. 1, 22, 23 wegen versuchten Diebstahls im besonders schweren Fall liegt vor.

II. Strafbarkeit gemäß § 303

S könnte sich durch das Aufbrechen der Tür wegen Sachbeschädigung gemäß § 303 strafbar gemacht haben. S müsste eine fremde Sache beschädigt haben. Die Lagertür stand nicht im Eigentum des S, war somit fremd. Beschädigen liegt vor, wenn die bestimmungsgemäße Brauchbarkeit einer Sache nicht nur unerheblich beeinträchtigt wird. Nach Aufbrechen des Türschlosses konnte dieses nicht mehr zum Schließen verwendet werden. Daher wurde die bestimmungsgemäße Brauchbarkeit der Lagertür, nämlich der Schutz des Lagers, nicht nur unerheblich beeinträchtigt. S hätte auch vorsätzlich handeln müssen. Er wusste und wollte was er tat und hatte somit Vorsatz. S handelte auch rechtswidrig und schuldhaft.

Ergebnis: S hat sich wegen Sachbeschädigung gemäß § 303 strafbar gemacht.

Konkurrenzen: Die Strafbarkeit gemäß § 303 I wird von §§ 242, 243 I Nr. 1 konsumiert. Dem steht der fehlende Tatbestandscharakter des § 243 nicht entgegen, da die im Regelbeispiel zum Ausdruck kommende Typisierung das Gesamtgeschehen zu einer Bewertungseinheit zusammenfasst.

Fall 17:

Fraglich ist, ob eine Strafbarkeit gemäß §§ 242, 243 bei vollendetem Diebstahlstatbestand und **nur versuchtem Regelbeispiel** in Betracht kommt. Grundsätzlich kann hier nur eine Verurteilung wegen Diebstahls nach § 242 in Betracht kommen.

Der Umstand des versuchten Regelbeispiels kann lediglich über § 46 II als erschwerender Gesichtspunkt im Rahmen der Strafzumessungsentscheidung berücksichtigt werden. Andernfalls würde man im Ergebnis **entgegen des gesetzgeberischen Willens die strafrahmenverschiebende Wirkung** aus dem „Versuch eines Straferschwerungsgrundes" ableiten. Nach dem Wortlaut des § 22 kommt es für die Versuchsstrafbarkeit jedoch maßgeblich auf das unmittelbare Ansetzen zum Tatbestand an. Das Regelbeispiel zählt jedoch gerade nicht zum Tatbestand. Daher kann S sich hier nur wegen Diebstahls gemäß § 242 strafbar gemacht haben.

Sachverhalt

Der Mannschaftskapitän der „Mainz Mombach Machos" Max (M) hat sich mit Karl (K) von „Krawall Köln Kalk" zu einem Feindschaftsspiel verabredet. Das gesamte Fußballspiel ist von Grätschen und gelben Karten geprägt. Auch M zischt dem kleinwüchsigen K eine abfällige Bemerkung zu, um ihn absichtlich zu reizen. Das sieht K gar nicht ein und er setzt dazu an, M mit einem Kopfhieb auf das Brustbein zu Boden zu werfen (wie er es sich beim französischen Nationalspieler Z abgeguckt hat). Um sich gegen diese Attacke zu verteidigen, klappt M in seiner Trainingshosentasche ein Butterfly-Messer auf, um es sogleich zu zücken und K mit einem gezielten Stich in den Arm abzuwehren. Er könnte zwar problemlos vor K weglaufen, um sich dem Angriff zu entziehen, doch will er nicht als Feigling dastehen. Doch bevor er das Messer aus der Tasche ziehen kann, hat sich K schon auf ihn gestürzt. Ungeschickterweise hat er mit seinem Kopf nicht das Brustbein getroffen, sondern ist aufgrund seiner Körpergröße auf Höhe des Oberschenkels gelandet. Dabei rutscht er so unglücklich ab, dass das Messer ihm eine lange und tiefe Wunde im Gesicht zufügt. Da die Polizei schon auf das Spielfeld läuft, unterlässt es M, noch einmal mit dem Messer nachzusetzen.
Auch durch mehrere Operationen kann der plastische Chirurg das Gesicht des K nicht wiederherstellen. K ist sein ganzes Leben durch eine lange Narbe gezeichnet.

Wie hat sich M strafbar gemacht?

Lösung:

I. Strafbarkeit gemäß § 185[17]

M könnte sich wegen Beleidigung gemäß § 185 strafbar gemacht haben, indem er gegenüber K eine abfällige Bemerkung machte.

[17] Normalerweise sollen untergeordnete Delikte (wie Beleidigung, Sachbeschädigung, Hausfriedensbruch) erst am Ende der Falllösung behandelt werden. Die „härtesten Delikte" zuerst! Hier gehen wir ausnahmsweise chronologisch vor. Sie können auch eine andere Prüfungsreihenfolge wählen!

1. Tatbestand
M müsste K beleidigt, also Äußerungen der Missachtung getätigt haben. Abfällige Bemerkungen stellen solche beleidigenden Äußerungen dar. M handelte mit Wissen und Wollen hinsichtlich der Tatbestandsverwirklichung, also vorsätzlich.

2. Rechtswidrigkeit und Schuld: M handelte rechtswidrig und schuldhaft.

Ergebnis: M hat sich wegen Beleidigung gemäß § 185 strafbar gemacht.

II. Strafbarkeit gemäß §§ 223 I, 224 I Nr. 2, 22, 23 I, 12 II
M könnte sich wegen versuchter gefährlicher Körperverletzung gemäß §§ 223 I, 224 I Nr. 2, 22, 23 I, 12 II strafbar gemacht haben.

1. Nichtvollendung und Strafbarkeit des Versuchs
Die gefährliche Körperverletzung des M dürfte nicht vollendet sein. Vollendet ist eine Tat, wenn ihr tatbestandlicher Erfolg kausal und zurechenbar durch eine Handlung des Täters herbeigeführt wurde. Zwar hat K sich durch das Messer des M Wunden zugezogen, jedoch ist dieser Verletzungserfolg nicht auf eine Verletzungshandlung des K zurückzuführen, weil K ins Messer gefallen ist. Die Tat ist damit nicht vollendet. Die Strafbarkeit der versuchten gefährlichen Körperverletzung ergibt sich aus §§ 23 I Var. 2, 224 II.

2. Tatbestand

a) Tatbestand des Grunddelikts

aa) Tatentschluss
In subjektiver Hinsicht ist der Tatentschluss des M erforderlich. Tatentschluss liegt vor, wenn der Täter vorsätzlich bezüglich aller objektiven Tatbestandsmerkmale handelte und auch alle besonderen subjektiven Tatbestandsmerkmale gegeben sind. M wollte an K eine üble, unangemessene, das Wohlbefinden beeinträchtigende Behandlung vornehmen, ihn also körperlich misshandeln. Auch wollte er einen pathologischen Zustand und damit eine Gesundheitsschädigung herbeiführen. Folglich handelte M mit Tatentschluss bezüglich des Grunddelikts.

bb) Unmittelbares Ansetzen
M müsste auch unmittelbar zur Tatbestandsverwirklichung angesetzt haben, § 22. Unmittelbares Ansetzen liegt vor, wenn der Täter subjektiv die Schwelle zum „jetzt geht`s los" überschritten hat; das ist dann der Fall, wenn er Handlungen vorgenommen hat, die nach seiner Vorstellung vom Tatablauf ohne weitere wesentliche Zwischenschritte in die Tatbestandshandlung einmünden sollen oder in unmittelbarem räumlichen und zeitlichen Zusammenhang mit ihr stehen, so dass das Angriffsobjekt aus der Sicht des Täters konkret gefährdet scheint. Da M bereits das Butterfly-Messer aufgeklappt hatte und sofort zustechen wollte, hat er bereits unmittelbar zur Tat angesetzt.

a) Tatbestand der Qualifikation

aa) Tatentschluss
Der Tatentschluss des M könnte sich auf den Qualifikationstatbestand der Begehung mittels einer Waffe erstreckt haben. Als Waffe im Sinne des § 224 I Nr. 2 sind Waffen im technischen Sinn anzusehen, also auch Butterfly-Messer. M handelte mit Wissen und Wollen bezüglich der Tatbegehung mit einem solchen Messer.

bb) Unmittelbares Ansetzen
M hat auch zur Begehung mit dem Messer unmittelbar angesetzt.

2. Rechtswidrigkeit: M könnte gemäß § 32 durch Notwehr gerechtfertigt sein.

a) Notwehrlage
Dies setzt zunächst einen gegenwärtigen, rechtswidrigen Angriff voraus. Aufgrund des Kopfhiebs durch K droht M eine unmittelbar bevorstehende Beeinträchtigung seiner körperlichen Unversehrtheit, somit ein gegenwärtiger Angriff.

Rechtswidrig ist der Angriff, wenn er eine ungerechtfertigte Verletzung eines Straftatbestandes darstellt. Im bevorstehenden Kopfhieb durch K liegt zumindest ein tatbestandsmäßiger Körperverletzungsversuch gemäß §§ 223 I, II, 22. Dieser Körperverletzungsversuch könnte seinerseits im Rahmen einer Notwehr gegen die rechtswidrige Beleidigung des M (s.o.) gerechtfertigt sein. **Da diese jedoch in sich abgeschlossen ist und keine neuerlichen Beleidigungen bevorstehen, scheidet Notwehr in Ermangelung eines gegenwärtigen Angriffs aus.** Deshalb liegt ein rechtswidriger Angriff des K vor.

b) Notwehrhandlung

Im versuchten Zustechen mit dem Messer müsste ein geeignetes und erforderliches Mittel zur Verteidigung gegen den Angriff zu ersehen sein. Geeignet ist das Zustechen, weil es zur Beendigung des Angriffs beiträgt. Zweifel können jedoch im Hinblick auf die Erforderlichkeit bestehen. Erforderlich ist das mildeste und gleichwertige Mittel zur Abwehr des Angriffs. Hier hätte M sich dem Angriff durch Weglaufen entziehen können. Jedoch braucht diese Alternative aufgrund des Grundsatzes, **dass das Recht dem Unrecht nicht zu weichen braucht**, nicht berücksichtigt zu werden. Die „schimpfliche Flucht" ist unter der Annahme eines schneidigen Notwehrrechts **nicht zumutbar**. Im versuchten Zustechen ist mithin eine geeignete und erforderliche Notwehrhandlung zu erblicken.

c) normative Gebotenheit

Das Notwehrrecht des M könnte allerdings sozialethischen Einschränkungen unterworfen sein, weil er K absichtlich reizen wollte. In Betracht kommt eine Beschränkung des Notwehrrechts wegen Provokation der Notwehrlage, wobei die Zulässigkeit der Versagung des Notwehrrechts in diesen Fällen umstritten ist.

aa) Zum Teil wird auch in diesen Fällen der Gedanke beibehalten, dass das Recht dem Unrecht nicht zu weichen brauche, also eine **Einschränkung des Notwehrrechts nicht** zu postulieren ist. Demnach konnte M rechtmäßig das Messer gegen K einsetzen.

bb) Zum überwiegenden Teil (h.M.) wird eine Einschränkung des Notwehrrechts **für geboten gehalten**, weil eigentlich der Provokateur als Angreifer anzusehen ist. Folgerichtig wäre M kein uneingeschränktes Notwehrrecht zuzubilligen.

cc) Aufgrund abweichender Ergebnisse ist der Streit zu entscheiden. Zwar spricht für die erstgenannte Ansicht das sog. Rechtsbewährungsinteresse, also das Ziel, dem Recht zum Durchbruch zu verhelfen. Dem ist jedoch mit der h.M. entgegenzuhalten, dass derjenige, der absichtlich einen Angriff provoziert, **rechtsmissbräuchlich handelt** und sich **nicht mehr als Bewahrer der Rechtsordnung gerieren darf**, der um jeden Preis dem Recht zum Durchbruch verhilft. Folglich ist vorliegend das Notwehrrecht des M auf Schutzwehrmaßnahmen, also bloß abwehrende Handlungen, zu beschränken. Nur wenn diese nicht zur Verteidigung genügen, darf er auch offensive Abwehrmaßnahmen im Rahmen der Trutzwehr ergreifen. Wenn es zu einem adäquaten Schutz ausreicht, muss er sich durch Ausweichen dem Angriff entziehen. Da M die

Möglichkeit hatte wegzulaufen, kann das Zustechen mit dem Messer nicht durch Notwehr gerechtfertigt werden.
M handelte folglich rechtswidrig.

3. Schuld: M handelte schuldhaft.

4. Persönlicher Strafaufhebungsgrund: Rücktritt vom Versuch
Da M nicht von sich aus die Tatbegehung aufgibt, sondern weil die Polizei auf das Spielfeld läuft, kommt aufgrund fehlender Freiwilligkeit keine Strafausschließung wegen Rücktritts vom Versuch in Frage.

Ergebnis: M hat sich wegen versuchter gefährlicher Körperverletzung gemäß §§ 223 I, 224 I Nr. 2, 22, 23 I, 12 II strafbar gemacht, indem er K mit dem Messer stechen wollte.

III. Strafbarkeit gemäß §§ 223 I, 226, 22, 23 I, 12 I
M könnte sich wegen versuchter schwerer Körperverletzung gemäß §§ 223 I, 226, 22, 23 I, 12 I strafbar gemacht haben, indem er das Messer zum Angriff auf K aufklappte und K durch das Messer derart verletzt wurde, dass eine lange Narbe im Gesicht zurückblieb.

1. Grunddelikt
Zuerst ist das Vorliegen eines vorsätzlich begangenen Grunddelikts erforderlich. In Betracht kommt dafür die soeben bejahte versuchte gefährliche Körperverletzung. Problematisch ist jedoch, ob ein versuchtes Grunddelikt für die Annahme der Strafbarkeit nach § 226 genügt. Dass eine versuchte Tat als Grunddelikt bei § 226 in Betracht kommt, mag vor dem Hintergrund zweifelhaft sein, dass für die Herbeiführung der Folge gemäß § 18 Fahrlässigkeit ausreicht, also eine gewisse Ähnlichkeit zu Fahrlässigkeitsdelikten besteht, bei denen der Versuch bekanntlich nicht strafbar ist. Jedoch ist § 11 II zu entnehmen, **dass Vorsatz-Fahrlässigkeits-Kombinationen explizit wie Vorsatztaten zu behandeln sind.**

Weitergehende Schwierigkeiten treten auf, wenn man annimmt, dass die Folge auf dem Körperverletzungserfolg beruhen muss. M hat keinen nach § 223 tatbestandlichen Erfolg kausal und objektiv zurechenbar herbeigeführt. Die schwere Folge, also die Entstellung des K, ist allenfalls die Konsequenz einer gefährlichen versuchten Körperverletzungshandlung, nämlich des Ansetzens zum Messerzücken.

a) Einer Ansicht zufolge ist beim erfolgsqualifizierten Versuch **eine Differenzierung zu treffen zwischen Delikten, bei denen es ausreicht, dass aus der Tat*handlung* die schwere Folge resultiert und Delikten, bei denen sie aus dem Tat*erfolg* herrühren** muss. Dabei wird § 226 als der zweiten Fallgruppe zugehörig angesehen. Demzufolge hätte M in Ermangelung eines Bezugspunkts für die schwere Folge nicht den Tatbestand des § 226 erfüllt.

b) Die Gegenansicht lehnt eine solche Differenzierung ab, weil unabhängig von der Deliktsstruktur **der Versuch des Grundtatbestandes** genüge. Hiernach reicht auch bei § 226 eine versuchte Körperverletzung aus, so dass eine Bestrafung des M wegen versuchter schwerer Körperverletzung grundsätzlich möglich wäre.

c) Der Streit ist aufgrund unterschiedlicher Ergebnisse zu entscheiden. Der Wortlaut des § 226 („hat die Körperverletzung zur Folge") spricht zwar auf den ersten Blick dafür, dass der **Körperverletzungserfolg** vorauszusetzen ist, jedoch zeigt die gesetzliche Überschrift von § 223, das unter dem Begriff Körperverletzung eben auch der Versuch (II) zu verstehen ist. Außerdem darf die besondere Gefährlichkeit, die bereits die Tat*handlung* beinhaltet, nicht unberücksichtigt bleiben. Folgerichtig schlägt der Einwand nicht durch, dass ein versuchtes Grunddelikt bei § 226 nicht ausreichend ist. Die Strafbarkeit des M wegen versuchter schwerer Körperverletzung ist somit nicht von vornherein ausgeschlossen.

2. Herbeiführung der schweren Folge

Des Weiteren muss die schwere Folge herbeigeführt worden sein. Während beim Versuch der Erfolgsqualifikation die schwere Folge ausbleibt, obwohl sie zumindest billigend in Kauf genommen wurde[18], tritt sie beim erfolgsqualifizierten Versuch ein, wobei jedoch das Grunddelikt unvollendet bleibt. Vorliegend ist K durch die zurückbleibende Narbe in erheblicher Weise dauernd entstellt. Es ist somit eine schwere Folge im Sinne des § 226 I Nr. 3 eingetreten, so dass ein erfolgsqualifizierter Versuch zugrunde gelegt werden kann.

---

[18] **Achtung!** Beim Versuch der Erfolgsqualifikation muss Vorsatz hinsichtlich der schweren Folge vorliegen, weil es keinen „fahrlässigen Versuch" einer Straftat gibt. Damit ist in subjektiver Hinsicht mehr zu verlangen als bei der Grundkonstellation, bei der gemäß § 18 nur Fahrlässigkeit hinsichtlich der schweren Folge erforderlich ist. Beim erfolgsqualifizierten Versuch hingegen ergeben sich keine Besonderheiten. Hier gilt die Grundregel des § 18.

3. Kausalität

Die Folge müsste auch kausal und zurechenbar auf die Begehung des Grunddelikts zurückzuführen sein. Das setzt voraus, dass das Grunddelikt als condicio sine qua non nicht hinweggedacht werden kann, ohne dass die schwere Folge entfiele. Hätte M sein Messer nicht aufgeklappt, wäre es nicht zu der Verletzung gekommen. Es besteht Kausalität zwischen Grunddelikt und schwerer Folge.

4. spezifischer Gefahrzusammenhang

An die objektive Zurechenbarkeit sind erhöhte Anforderungen zu stellen. So muss ein spezifischer Gefahrzusammenhang darin bestehen, dass eine dem Grunddelikt eigentümliche Gefahr geschaffen wurde, die sich in der besonderen Folge realisiert hat. Zweifel am **spezifischen Gefahrzusammenhang** können sich daraus ergeben, dass K durch aktives **Dazwischentreten** den Zurechnungszusammenhang unterbrochen hat. Da K nichts vom Messer wusste, kann es sich nicht um eine panische Opferreaktion handeln, die M zurechenbar wäre. Stattdessen handelt es sich bei dem vorsätzlichen rechtswidrigen Angriff des K um ein eigenverantwortliches Dazwischentreten, so dass ein spezifischer Gefahrzusammenhang und damit auch die Zurechenbarkeit zu verneinen sind.

Ergebnis: M hat sich nicht wegen versuchter schwerer Körperverletzung gemäß §§ 223 I, 226, 22, 23 I, 12 I strafbar gemacht.

IV. Strafbarkeit gemäß § 229

Eine Strafbarkeit des M wegen fahrlässiger Körperverletzung gemäß § 229 wegen der Verletzung des K im Gesicht scheidet ebenfalls mangels Zurechenbarkeit der Folge aus.

Endergebnis:

M hat sich wegen Beleidigung in Tatmehrheit mit versuchter gefährlicher Körperverletzung gemäß §§ 185; 223, 224 I Nr. 2; 53 strafbar gemacht.

Fall 19

Sachverhalt

Den Taxifahrern Manni (M), Kalle (K) und Wolle (W) ist der Reichtum von Oma Brömmidömmi (O) ein Dorn im Auge. Sie müssen sie zwar ständig zu Beauty-Farmen fahren, bekommen aber von ihr nie Trinkgeld. Als sie eines Abends gelangweilt am Taxistand am Kölner Hauptbahnhof stehen, hecken sie einen Plan aus: Wenn M sie am nächsten Mittwoch wieder mal vom Schönheitssalon abholen muss, soll er so mit dem Taxi halten, dass der Weg zum Praxiseingang nicht mehr von der Straße aus einsehbar ist. Außerdem soll er K und W ein Zeichen geben, wann sie aus dem Gebüsch springen und O jeweils mit einer Eisenstange „eins überbraten" sollen. Dass O dabei zu Tode kommen kann, nehmen sie billigend in Kauf. Dann sollen K und W ihr ihre Juwelen vom Körper reißen, ihr die Handtasche abnehmen und zu M ins Taxi steigen, der sie in Sicherheit bringen wird.
Gesagt, getan. Alsbald besorgt K im Baumarkt zwei Eisenstangen und gibt eine dem W. Am Dienstagabend treffen sie sich noch mal zum letzten Briefing bei ein paar leckeren Kölsch. Mit steigendem Alkoholpegel kann K klarere Gedanken fassen und er beschließt, den Mist sein zu lassen. Er teilt seinen Kumpanen mit, dass er aussteige und bleibt tatsächlich am nächsten Tag zuhause.
M und W wollen sich nicht lumpen lassen und den Plan trotzdem weiter durchziehen. Es genüge ja auch eine Eisensteige, um in der „Rübe der Alten für Ordnung zu sorgen". Am Mittwoch fährt M den W zur Praxis und parkt sein Auto an der besprochenen Stelle. W steigt mit seiner Eisenstange ins Gebüsch. Da beginnt auch M schwach zu werden, er legt den Gang ein und fährt weg. Er will auch nichts mehr mit der Sache zu tun haben.
Als O aus der Praxis getingelt kommt, ergreift W die geplanten Maßnahmen: er schlägt ihr, die Möglichkeit O dabei zu töten billigend, die Eisenstange auf den Kopf, nimmt ihr den Schmuck und die Handtasche ab und rennt zur Straße. Statt des Taxis des M steht dort jedoch eine grüne Minna. K hatte gegen Morgen der Polizei einen anonymen Tipp gegeben. Eigentlich hätten die Polizisten rechtzeitig da sein können, um den Überfall zu verhindern, doch sie wollten sich „wegen so 'ner Oma nicht vom Frühstück aufscheuchen lassen."
Die benommen auf dem Weg liegende O hat eine Gehirnerschütterung und eine Prellung am Kopf davongetragen.
Wie haben sich W, M und K strafbar gemacht? (§ 211 und § 250 sind nicht zu prüfen. Hinsichtlich M und K ist nur § 212 zu prüfen.)

Lösung:

A. Strafbarkeit des W

I. Strafbarkeit gemäß §§ 212 I, 22, 23 I, 12 I

W könnte sich mit dem Schlag auf O wegen versuchten Totschlags gemäß §§ 212 I, 22; 23 I, 12 I strafbar gemacht haben, indem er O eine Eisenstange auf den Kopf geschlagen hat.

1. Nichtvollendung und Strafbarkeit des Versuchs

Da O noch lebt, ist der tatbestandliche Erfolg des Totschlags nicht herbeigeführt worden und die Vollendung damit ausgeblieben. Die Strafbarkeit des Tötungsversuchs ergibt sich aus der Verbrechensqualität des Totschlags gemäß §§ 212 I, 23 I, 12 I.

2. Tatbestand

a) Tatentschluss

W müsste mit Tatentschluss bezüglich einer Tötung der O gehandelt haben. Tatentschluss liegt vor, wenn der Täter vorsätzlich bezüglich aller objektiven Tatbestandsmerkmale handelte und auch alle besonderen subjektiven Tatbestandsmerkmale gegeben sind. W nahm, in Kenntnis der Tatumstände, den Tod der O billigend in Kauf und handelte somit mit dolus eventualis. Tatentschluss ist also gegeben.

b) Unmittelbares Ansetzen

W müsste auch unmittelbar zur Tat angesetzt haben. Unmittelbares Ansetzen liegt vor, wenn der Täter subjektiv die Schwelle zum „jetzt geht`s los“ überschritten hat; das ist dann der Fall, wenn er Handlungen vorgenommen hat, die nach seiner Vorstellung vom Tatablauf ohne weitere wesentliche Zwischenschritte in die Tatbestandshandlung einmünden sollen oder in unmittelbarem räumlichen und zeitlichen Zusammenhang mit ihr stehen, so dass das Angriffsobjekt aus der Sicht des Täters konkret gefährdet scheint. W hatte die Tathandlung bereits, wenn auch erfolglos, ausgeführt, so dass er unmittelbar zur Tatbegehung angesetzt hat.

3. Rechtswidrigkeit und Schuld

W handelte rechtswidrig und schuldhaft.

Ergebnis: W hat sich wegen versuchten Totschlags strafbar gemacht, indem er O mit einer Eisenstange geschlagen hat.

II. Strafbarkeit gemäß §§ 223 I, 224 I Nr. 2, 5

Durch den Schlag mit der Eisenstange auf O könnte sich W wegen gefährlicher Körperverletzung gemäß §§ 223 I, 224 I Nr. 2, 5 strafbar gemacht haben.

1. Tatbestand

a) Tatbestand des Grunddelikts

aa) objektiver Tatbestand des Grunddelikts

W müsste O körperlich misshandelt oder an der Gesundheit geschädigt haben.

Eine körperliche Misshandlung ist eine üble, unangemessene Behandlung, die entweder das körperliche Wohlbefinden oder die körperliche Unversehrtheit nicht nur unerheblich beeinträchtigt. Eine Gesundheitsbeschädigung liegt vor, wenn ein pathologischer Zustand hervorgerufen oder gesteigert wird. O braucht mit ihrer Gehirnerschütterung und den Prellungen eine ärztliche Behandlung. Ihr ist auch eine üble, unangemessene Behandlung widerfahren. Somit sind beide Tatalternativen von § 223 I objektiv verwirklicht.

bb) subjektiver Tatbestand des Grunddelikts

W müsste vorsätzlich gehandelt haben. Vorsatz ist das Wissen und Wollen der Tatbestandsverwirklichung. W wollte bedingt vorsätzlich den Tod der O (s.o.). Fraglich ist deshalb, ob der Tötungsvorsatz nicht den Vorsatz hinsichtlich einer Körperverletzung ausschließt. So sieht es die Lehre vom Alternativvorsatz, die den Vorsatz, einen Menschen zu töten als etwas kategorisch anderes betrachtet als den Vorsatz, ihn körperlich zu verletzen. Im vorliegenden Fall wäre der Körperverletzungsvorsatz demnach zu verneinen.

Allerdings ist diese Lehre mit der h.M. schon deshalb abzulehnen, weil es zu erheblichen Strafbarkeitslücken kommt, wenn ein Täter von einer versuchten Tötung zurücktritt, aber schon Körperverletzungen vollendet hat, die mangels Vorsatz nicht bestraft werden könnten. Folglich ist mit der **Einheitstheorie** zugrunde zu legen, dass stets vorsätzlich hinsichtlich einer Körperverletzung handelt, wer Tötungsvorsatz hat. W, der Vorsatz hinsichtlich der Tötung der O hatte, handelte somit auch vorsätzlich im Hinblick auf die Körperverletzung (Körperverletzung als notwendiges Durchgangsstadium).

b) Tatbestand der Qualifikation

aa) Die Körperverletzung könnte durch die Begehung mittels eines gefährlichen Werkzeugs im Sinne des § 224 I Nr. 2 Var. 2 qualifiziert sein. Gefährlich ist ein Werkzeug, wenn es aufgrund seiner Beschaffenheit und seiner Benutzung im konkreten Fall geeignet ist, erhebliche Verletzungen hervorzurufen. Mit der Eisenstange sollten und wollten Verletzungen hervorgerufen werden. Es handelt sich also um ein gefährliches Werkzeug.

bb) Außerdem könnte die Körperverletzung **mittels einer das Leben gefährdenden Behandlung im Sinne des § 224 I Nr. 5 begangen** worden sein. Eine das Leben gefährdende Behandlung zeichnet sich dadurch aus, dass die Verletzungshandlung nach den konkreten Umständen objektiv geeignet ist, das Leben des Opfers in Gefahr zu bringen. Durch den Schlag mit einer Eisenstange kann leicht ein Mensch getötet werden. Folglich ist die Qualifikation des § 224 I Nr. 5 gegeben.

cc) W handelte auch mit Wissen und Wollen, also vorsätzlich bezüglich der Verwirklichung der Begehung mittels eines gefährlichen Werkzeugs und mittels einer das Leben gefährdenden Behandlung.

2. Rechtswidrigkeit und Schuld
W handelte rechtswidrig und schuldhaft.

Ergebnis: W hat sich wegen gefährlicher Körperverletzung gemäß §§ 223 I, 224 I Nr. 5 strafbar gemacht.

III. Strafbarkeit gemäß §§ 249, 251, 22, 23 I, 12 I
W könnte sich wegen Raubes mit versuchter Todesfolge gemäß §§ 249, 251, 22, 23 I, 12 I strafbar gemacht haben, indem er O mit der Eisenstange schlug, um ihre Juwelen und ihre Handtasche zu stehlen.

1. Grunddelikt
W könnte als Grunddelikt einen Raub gemäß § 249 I begangen haben. Zuerst müsste die Wegnahme einer fremden, beweglichen Sache gegeben sein. Wegnahme ist der Bruch fremden und die Begründung neuen Gewahrsams. W hat den Gewahrsam der O an ihren Juwelen und ihrer Handtasche gebrochen und eigenen daran begründet, die Sachen mithin weggenommen. Die

Wegnahme ist auch mittels körperlich wirkenden Zwangs, also mit Gewalt erfolgt.

W **handelte auch mit Wissen und Wollen** hinsichtlich der objektiven Tatumstände, also vorsätzlich.

W müsste auch mit **Zueignungsabsicht** gehandelt haben. Die Zueignungsabsicht umfasst die Absicht, die Sache sich oder einem Dritten zumindest vorübergehend ins Vermögen zu überführen (Aneignungsabsicht), verbunden mit dem zumindest bedingt vorsätzlichen Willen, den Berechtigten dauerhaft aus seiner faktischen Eigentümerstellung zu entheben (Enteignungsvorsatz). W wollte die Sachen der O für sich und seinen Kollegen behalten. Mithin handelte er mit Eigen- und Drittzueignungsabsicht. Die beabsichtigte Zueignung war auch in Ermangelung eines fälligen, einredefreien Anspruchs rechtswidrig.

Das Grunddelikt des § 249 ist somit tatbestandlich verwirklicht.

2. Herbeiführung der schweren Folge

Es müsste des Weiteren die schwere Folge des § 251, also **der Tod eines Menschen**, eingetreten sein. Da O noch lebt, kommt lediglich eine versuchte Erfolgsqualifikation in Betracht. Diese setzt in Abgrenzung zum erfolgsqualifizierten Versuch voraus, dass die Herbeiführung der schweren Folge bei einem erfolgsqualifizierten Delikt vorsätzlich versucht wird. Die Strafbarkeit der versuchten Erfolgsqualifikation ergibt sich aus der Verbrechensqualität des Raubs mit Todesfolge (§ 12 I). Wie § 11 II zeigt, ist § 251 **wie ein Vorsatzdelikt** zu behandeln, so dass sich aus der Begehungsmöglichkeit durch fahrlässige Herbeiführung (bei § 251 Leichtfertigkeit) der schweren Folge keine Besonderheiten ergeben.

3. Vorsatz bezüglich der schweren Folge

Fraglich ist, welche Anforderungen an das subjektive Tatbestandselement zu knüpfen sind. Grundsätzlich genügt gemäß § 18 Fahrlässigkeit hinsichtlich der schweren Folge. § 251 setzt darüber hinaus Leichtfertigkeit, also Verletzung der Sorgfaltspflichten im besonders großen Maße voraus. Bei der Verwirklichung einer versuchten Erfolgsqualifikation ist jedoch, wie stets bei Versuchsstrafbarkeit, Vorsatz erforderlich. Da W den Tod der O billigend in Kauf nahm, handelte er bedingt vorsätzlich hinsichtlich der schweren Folge.

4. Rechtswidrigkeit und Schuld
W handelte rechtswidrig und schuldhaft.

Ergebnis: W hat sich wegen Raubs mit versuchter Todesfolge gemäß §§ 249, 251, 22, 23 I, 12 I strafbar gemacht.

Endergebnis für W:
W hat sich strafbar gemacht wegen versuchten Totschlags in Tateinheit mit gefährlicher Körperverletzung in Tateinheit mit Raub mit versuchter Todesfolge gemäß §§ 212 I, 22; 223 I, 224 I Nr. 2, 5; 249, 251, 22, 23 I, 12 I; 52.

B. Strafbarkeit des M

Strafbarkeit gemäß §§ 212 I, 22, 23 I, 12 I, 25 II
M könnte sich wegen versuchten Totschlags in Mittäterschaft gemäß §§ 212 I, 22, 23 I, 12 I, 25 II strafbar gemacht haben, indem er mit W den Plan schmiedete, O bei billigender Inkaufnahme ihres Todes zu überfallen.

1. Nichtvollendung und Strafbarkeit des Versuchs
Die Tat ist nicht vollendet, und der versuchte Totschlag ist strafbar (s.o.).

2. Tatbestand

a) Tatentschluss
M müsste Tatentschluss, also Vorsatz bezüglich der Herbeiführung des Todes der O gehabt haben. M selbst wollte die O nicht töten, jedoch könnte ihm das geplante Handeln des W aufgrund von Mittäterschaft gemäß § 25 II zuzurechnen sein. Das setzt voraus, dass M und W als Mittäter handelten. Mittäterschaft ist das bewusste und gewollte Zusammenwirken mehrerer, also die gemeinschaftliche Tatbegehung aufgrund eines gemeinsamen Tatentschlusses. M und W planten den Überfall auf O und wollten ihn gemeinsam ausführen. Also hatte M Tatentschluss bezüglich einer Tötung, die er sich aufgrund von Mittäterschaft zurechnen lassen muss.

b) Unmittelbares Ansetzen
Auch müsste M unmittelbar zur Tat angesetzt haben. M selbst ist vor Tatbegehung vom Tatort weggefahren, aber W hat unmittelbar zur Tat angesetzt (s.o.). Fraglich ist somit, wann das unmittelbare Ansetzen bei Mittätern vorliegt.

aa) Nach der so genannten **Gesamtlösung** genügt es, wenn ein Mittäter die Schwelle vom Vorbereitungs- zum Versuchsstadium überschritten hat. Da W schon das Versuchsstadium erreicht hat, wäre demnach auch hinsichtlich des M der Versuch zu bejahen.

bb) Die **Einzellösung** will demgegenüber für jeden Beteiligten einzeln den Versuchsbeginn bestimmen. Demzufolge hätte M nicht das Versuchsstadium erreicht.
Da Mittäter gerade aufgrund eines gemeinsamen Tatplans handeln und ihnen ihr Handeln gegenseitig zuzurechnen ist, ist es richtig, mit der h.M. der Gesamtlösung zu folgen. Somit befindet sich auch M nicht mehr im Vorbereitungsstadium.

3. Rechtswidrigkeit und Schuld
M handelte rechtswidrig und schuldhaft.

4. Rücktritt vom Versuch
Fraglich ist, ob der persönliche Strafbefreiungsgrund des Rücktritts vom Versuch eingreift. Bei mehreren Tatbeteiligten ist ein Rücktritt unter den Voraussetzungen des § 24 II möglich.

a) Der Versuch ist nicht fehlgeschlagen, da W durch einige weitere Schläge mit der Eisenstange O hätte töten können.

b) Da die Tat ohne Zutun des M nicht vollendet wurde, sind die Voraussetzungen des § 24 II 2 Var. 1 zu untersuchen. Danach ist das freiwillige und ernsthafte Bemühen erforderlich, die Vollendung zu verhindern. M handelte zwar aus autonomen Motiven, somit freiwillig, jedoch zeigte er keinerlei Bemühungen, die Vollendung zu verhindern. Stattdessen ist er bloß weggefahren und hat die Geschehnisse ihren Lauf gehen lassen. Damit hat er nicht das für einen wirksamen strafbefreienden Rücktritt erforderliche Verhalten gezeigt.

Ergebnis: M hat sich wegen versuchten Totschlags in Mittäterschaft gemäß § 212 I, 22, 23 I, 12 I, 25 II strafbar gemacht.

C. Strafbarkeit des K

I. Strafbarkeit gemäß §§ 212 I, 249 I, 251, 12 I, 30 II

K könnte sich wegen Verabredung zu einem Verbrechen gemäß §§ 212 I, 249, 251, 12 I, 30 II strafbar gemacht haben, indem er mit W und M den Überfall auf O plante, bei dem der Tod von O billigend in Kauf genommen wurde, und die Eisenstangen besorgte.

1. Objektiver Tatbestand

Der Totschlag und der Raub mit Todesfolge sind jeweils Verbrechen gemäß § 12 I, also taugliche Taten im Sinne des § 30 II. K müsste sich mit W und M zur Begehung des Verbrechens verabredet haben. Verabredung ist die Übereinkunft, eine bestimmte Tat als Mittäter zu begehen. W, M und K erstellten aufgrund eines gemeinsamen Tatentschlusses einen Tatplan und trafen dabei die Übereinkunft, einen Raubüberfall zu begehen bei billigender Inkaufnahme des Todes des Opfers. Sie haben sich daher zur Begehung eines Verbrechens verabredet.

2. Subjektiver Tatbestand

K handelte mit Wissen und Wollen hinsichtlich der Tatbestandsverwirklichung. Er wollte bei richtiger Einschätzung der Tatumstände die Vereinbarung treffen.

3. Rechtswidrigkeit und Schuld

K handelte rechtswidrig und schuldhaft.

4. Rücktritt vom Versuch der Beteiligung

K könnte wirksam vom Versuch der Beteiligung gemäß § 31 I Nr. 3 Var. 1 zurückgetreten sein.

a) Dafür müsste K freiwillig vom Vorhaben Abstand genommen haben. Da er aufgrund von autonomen Motiven handelte, lag Freiwilligkeit vor.

b) Außerdem müsste eine Rücktrittshandlung vorliegen. Die Tat ist nicht gemäß § 31 I durch ein Handeln des K verhindert worden, denn der Totschlag ist immerhin versucht worden. **Allerdings kommt ein Fall des § 31 II Var. 2 in Betracht.** Dafür müsste K sich ernsthaft bemüht haben, die Tat zu verhindern. Diese müsste aber unabhängig von seinem früheren Tatbeitrag begangen worden sein. K hat sich durch den Anruf bei der Polizei ernsthaft bemüht, seinen Tatbeitrag unschädlich zu machen. Jedoch hat er damit die Tat nicht verhindert. Sein früherer Tatbeitrag wirkte zudem fort, weil W eine von ihm besorgte Eisenstange benutzte. K ist damit nicht strafbefreiend von der Verabredung zu einem Verbrechen zurückgetreten.

Ergebnis: K hat sich gemäß §§ 212 I, 249 I, 251, 12 I, 30 II wegen Verabredung zum Totschlag und zum Raub mit Todesfolge strafbar gemacht.

Strafbarkeit gemäß §§ 212 I, 22, 23 I, 12 I, 27

K könnte sich wegen Beihilfe zum versuchten Totschlag gemäß §§ 212 I, 22, 23 I, 12 I, 27 strafbar gemacht haben, indem er die Eisenstangen besorgt hat.

1. Tatbestand

K hat die versuchte Tötungshandlung des W erleichtert und damit Hilfe zu einer vorsätzlichen, rechtswidrigen Haupttat (s.o.) geleistet. Im Zeitpunkt der Hilfeleistung hatte K auch den doppelten Gehilfenvorsatz bezüglich Hilfeleisten und Erfolg.

2. Rechtswidrigkeit und Schuld

K handelte rechtswidrig und schuldhaft.

3. Rücktritt gemäß § 24 II Nr. 3

K könnte strafbefreiend gemäß § 24 II Nr. 3 zurückgetreten sein. Durch den Anruf bei der Polizei hat K das ernsthafte und freiwillige Bemühen gezeigt, die Tat zu verhindern. Sie ist jedoch begangen worden, wobei sein Tatbeitrag fortwirkte, weil W das von ihm besorgte Tatwerkzeug nutzte. Ein Rücktritt kommt somit nicht in Betracht.

Ergebnis: K hat sich durch das Besorgen der Eisenstangen wegen Beihilfe zum versuchten Totschlag gemäß §§ 212 I, 22, 23 I, 12 I, 27 strafbar gemacht.

Endergebnis:

K hat sich wegen Verabredung zum Totschlag und zum Raub mit Todesfolge in Tateinheit mit Beihilfe zum versuchten Totschlag gemäß §§ 212 I, 249 I, 251, 12 I, 30 II; 212 I, 22, 23 I, 12 I, 27; 52 strafbar gemacht.

Fall 20

Sachverhalt

B ist Chefbibliothekar der Mainzer Universitätsbibliothek. Ihm ist das massenhafte Verschwinden von Büchern ein Dorn im Auge. Deshalb beschließt er, dem „Bücherklau“ den Kampf anzusagen. In den bei Studenten besonders beliebten Bochumer Kommentar zum Strafrecht klebt er deshalb bei § 307 einige zusätzliche Magnetstreifen ein, die ein potentieller Dieb bestimmt nicht entdeckt, so dass die Magnetschranke am Bibliotheksausgang ausgelöst wird, wenn er den Kommentar hindurch trägt. B geht davon aus, dass er auf jeden Fall so einen Dieb erwischen wird.
Seiner studentischen Hilfskraft S erzählt er von dieser Falle. Dieser kennt wiederum den D, der „wie ein Rabe klaut“, und dessen Methoden. Da er ihn nicht direkt anschwärzen will, bittet S den D, ihm doch einen Bochumer Kommentar zu besorgen. Er hofft und denkt, dass die Machenschaften des D an der Magnetschranke auffliegen werden, wenn er die Werke hindurch trägt.
D geht alsbald in die Bibliothek, nimmt das schon länger genutzte Werk (Wert: 30 Euro) mit aufs Klo, reißt dort die Magnetstreifen heraus, die sich wie immer im Buchrücken befinden und schiebt ihn sich, ohne die Zusatzstreifen im Kommentar bemerkt zu haben, unter den Pulli. An der Schranke wartet er, bis die schüchterne M sich gen Ausgang bewegt. Dann läuft er genau gleichzeitig mit ihr durch die Schranke, die auch auslöst. Von dem hellen Warnton aufgeschreckt, den sie für einen Feueralarm hält (B hatte den Alarm an einen Verstärker angeschlossen), beginnt die M, verängstigt loszulaufen. D schlendert völlig abgebrüht weiter. B flitzt aus seiner Aufsichtskabine heraus, rennt hinter M her und schnappt sie. M weiß nicht wie ihr geschieht, und fragt mit einer Unschuldsmine: „Was ist denn los?“. Der hoch empörte B, der sich ganz sicher ist, dass M in der Bibliothek ein Buch gestohlen hat, geht auf diese unverfrorene Frage nicht ein und sperrt M bis zum Eintreffen der Polizei in seine Aufsichtskabine. Als sich der Sachverhalt aufklärt, stellt er Strafantrag gegen D.

Wie haben sich B, D und S strafbar gemacht?

Gehen Sie der Einfachheit halber davon aus, dass B Eigentümer des Buches ist.

Lösung:

A. Strafbarkeit des D

I. Strafbarkeit gemäß § 242 I

Durch das Entwenden des Kommentars könnte sich D wegen Diebstahls gemäß § 242 I strafbar gemacht haben.

1. Tatbestand

a) objektiver Tatbestand

Der Kommentar ist eine bewegliche, im Eigentum des B stehende, also fremde Sache. D müsste den Kommentar weggenommen haben. Wegnahme ist der Bruch fremden und die Begründung neuen Gewahrsams. Gewahrsam ist die von einem natürlichen Herrschaftswillen getragene tatsächliche Sachherrschaft.

aa) Ursprünglich befand sich der Kommentar in der Gewahrsamssphäre des B und war von dessen generellem Gewahrsamswillen erfasst.

bb) Fraglich ist, wann D **neuen Gewahrsam** begründet hat. Bei kleinen Sachen, die sich leicht in der Kleidung verstecken lassen, kann Gewahrsam auch in der Gewahrsamssphäre eines anderen begründet werden. D hat mit dem Verstecken des Kommentars diesen in seine Gewahrsamsenklave verbracht, also neuen Gewahrsam begründet.

cc) Dabei müsste D auch den Gewahrsam des B gebrochen haben. Ein Gewahrsamsbruch setzt voraus, dass der neue Gewahrsam ohne oder gegen den Willen des bisherigen Gewahrsamsinhabers begründet wird. Indem B zusätzliche Magnetstreifen in den Kommentar einklebte, um einen potentiellen Dieb auch mit Sicherheit zu überführen (sog. **Diebesfalle**), machte er deutlich, dass er mit der Wegnahme des Buches **einverstanden** war. Dieses Einverständnis führt zur Verneinung der Wegnahme und damit zum Tatbestandsausschluss.

Ergebnis: D hat sich durch das Entwenden des Kommentars nicht wegen Diebstahls gemäß § 242 I strafbar gemacht.

II. Strafbarkeit gemäß §§ 242 I, 22, 23 I, 12 II
D könnte sich wegen versuchten Diebstahls gemäß §§ 242 I, 22, 23 I, 12 II strafbar gemacht haben, indem er den Kommentar mitgenommen hat.

1. Nichtvollendung und Strafbarkeit des Versuchs
Wie soeben gezeigt, ist der Diebstahl nicht vollendet.
Die Strafbarkeit des Diebstahlsversuchs ergibt sich aus § 242 II.

2. Tatbestand

a) Tatentschluss
D müsste mit Tatentschluss gehandelt haben. Tatentschluss liegt vor, wenn der Täter vorsätzlich bezüglich aller objektiven Tatbestandsmerkmale handelte und auch alle besonderen subjektiven Tatbestandsmerkmale gegeben sind.

aa) D hatte Tatentschluss bezüglich einer fremden, beweglichen Sache.

bb) D müsste auch Tatentschluss hinsichtlich der **Wegnahme einer Sache** gehabt haben. D wollte fremden Gewahrsam aufheben und eigenen am Kommentar begründen. Da er die Magnetstreifen aus dem Kommentar entfernte, ist davon auszugehen, dass er den Gewahrsam auch brechen wollte. Der Tatentschluss umfasst auch die Wegnahme.

cc) D müsste **Zueignungsabsicht** gehabt haben. Die Zueignungsabsicht umfasst die Absicht, die Sache sich oder einem Dritten zumindest vorübergehend ins Vermögen zu überführen (Aneignungsabsicht), verbunden mit dem zumindest bedingt vorsätzlichen Willen, den Berechtigten dauerhaft aus seiner faktischen Eigentümerstellung zu entheben (Enteignungsvorsatz). D wollte den Kommentar erst in sein Vermögen und später ins Vermögen des S überführen und dabei der Universität dauerhaft den Zugriff entziehen. Also handelte er mit Zueignungsabsicht.

dd) D hatte Tatentschluss hinsichtlich der **Rechtswidrigkeit der beabsichtigten Zueignung**, weil er wusste, dass er auf das Buch keinen Anspruch hatte.

b) Unmittelbares Ansetzen
D müsste unmittelbar zur Tat angesetzt haben, § 22. Dazu müsste er subjektiv die Schwelle zum „jetzt geht's los“ überschritten haben und objektiv dürften

keine wesentlichen Zwischenschritte bis zum Beginn der Tathandlung fehlen. Da D bereits mit der tatbestandsmäßigen Handlung begonnen hat, hat er unmittelbar zur Tat angesetzt.

3. Rechtswidrigkeit

D könnte durch eine Einwilligung des B gerechtfertigt sein, da B schließlich einen Dieb mit einer „Falle" fangen wollte. Die Einwilligung müsste allerdings frei von Willensmängeln dem D gegenüber ausdrücklich oder konkludent erteilt worden sein. Da B und D keinen Kontakt miteinander hatten, konnte B dem D keine Einwilligung erteilen. Für die Annahme einer mutmaßlichen Einwilligung besteht ebenfalls kein Raum.

4. Schuld

D handelte schuldhaft.

5. besonders schwerer Fall

Weiterhin könnte ein Regelbeispiel des Diebstahls im besonders schweren Fall gemäß § 243 I verwirklicht sein. Der Anwendbarkeit der Strafzumessungsregel des § 243 steht aber entgegen, dass die Sache weniger als 50 Euro wert (Sachverhalt: 30 Euro) und damit geringwertig im Sinne des § 243 II ist.

Ergebnis: D hat sich durch das Mitnehmen des Buches wegen versuchten Diebstahls gemäß §§ 242 I, 22, 23 I, 12 II strafbar gemacht.

III. Strafbarkeit gemäß § 246 I

Durch das Mitnehmen des Kommentars könnte sich D wegen Unterschlagung gemäß § 246 I strafbar gemacht haben.

1. Tatbestand

a) objektiver Tatbestand

aa) Der Kommentar ist eine fremde bewegliche Sache (s.o.).

bb) D müsste den Kommentar sich oder einem Dritten zugeeignet haben. Zueignung im Sinne des § 246 I ist die Manifestation des Zueignungswillens. D wollte den Kommentar in sein Vermögen überführen, dabei B dauerhaft aus der faktischen Eigentümerstellung entheben und hat diesen Willen auch nach

außen deutlich gemacht, indem er den Kommentar unter den Pulli geschoben hat. D hat sich damit den Kommentar zugeeignet.
Etwas anderes könnte sich ergeben, wenn ein tatbestandausschließendes Einverständnis darin zu erblicken ist, dass B wollte, dass der „Dieb" erneut versucht, ein Buch zu entwenden, um ihn zu überführen. Fraglich ist jedoch, ob B auch mit der Zueignung einverstanden war, denn B wollte keinesfalls, dass er dauerhaft aus der Eigentümerstellung enthoben wird.

aaa) Teilweise wird vertreten, dass die **Zueignung keinen Eigentumsverlust** voraussetze und deshalb kein Einverständnis mit dem Eigentumsverlust erforderlich sei. Demnach wäre B mit der Zueignung einverstanden.

bbb) Wohl mehrheitlich wird vertreten, dass mangels gewollten Eigentumsverlusts **kein Einverständnis** gegeben sei. Dies hätte vorliegend die Konsequenz, dass ein tatbestandsausschließendes Einverständnis zu verneinen wäre.

ccc) Aufgrund voneinander abweichender Ergebnisse ist der Streit zu entscheiden. Beim Diebstahl ist der Bezugspunkt des Einverständnisses der Gewahrsamsübergang, während er bei der Unterschlagung der Eigentumsübergang ist. Gegen eine solche Differenzierung spricht auch nicht, dass Zueignung und Gewahrsamsübergang regelmäßig zeitlich zusammenfallen. Da B fest davon ausgeht, dass er den Täter erwischen wird, fand er sich mit der Zueignung nicht ab.

b) subjektiver Tatbestand
D handelte vorsätzlich hinsichtlich aller objektiven Tatumstände.

2. Rechtswidrigkeit und Schuld
D handelte rechtswidrig und schuldhaft.

Ergebnis: D hat sich durch das Mitnehmen des Kommentars wegen Unterschlagung gemäß § 246 I strafbar gemacht.

Endergebnis:
D hat sich wegen versuchten Diebstahls in Tateinheit mit Unterschlagung gemäß §§ 242 I, 22, 23 I, 12 II; 246 I; 52 strafbar gemacht. Die nach § 248a erforderlichen Strafanträge sind gestellt.

B. Strafbarkeit des S

I. Strafbarkeit gemäß §§ 242 I, 22, 23 I, 12 II, 26

S könnte sich mit seiner Bitte an D, ihm den Kommentar zu besorgen, wegen Anstiftung zum versuchten Diebstahl gemäß §§ 242 I, 22, 23 I, 12 II, 26 strafbar gemacht haben.

1. Objektiver Tatbestand

a) keine Täterschaft

S dürfte kein Täter sein. Täter ist, wer mit Täterwillen (animus auctoris) handelt, bzw. wer den tatbestandsmäßigen Geschehensablauf in der Hand hält und damit Tatherrschaft hat. S will die Tat nicht als eigene, sondern überlässt D völlig die Planung und Durchführung der Tat.

b) Vorsätzliche rechtswidrige Haupttat

Die Bestrafung der Teilnahme erfordert eine vorsätzliche rechtswidrige Haupttat. Auch eine Versuchstat, wie vorliegend der versuchte Diebstahl des D, genügt den Voraussetzungen einer vorsätzlichen rechtswidrigen Haupttat.

c) Bestimmen

S müsste den Täter D zur Tat bestimmt haben. Bestimmen ist das Hervorrufen des Tatentschlusses im Täter. Selbst wenn man mit der h.L. darüber hinaus einen offenen geistigen Kontakt fordert, hat S mit seiner Bitte, ihm einen Kommentar zu besorgen, den D zur konkreten Tat bestimmt.

2. Subjektiver Tatbestand

S müsste mit „**Doppelvorsatz**" gehandelt haben. Das bedeutet, dass der Vorsatz sowohl das Bestimmen als auch die Vollendung der Haupttat umfassen muss. S wollte D zur Tat bestimmen. Fraglich ist jedoch, ob **er auch Vorsatz hinsichtlich der Vollendung hatte.** Da S im Rahmen einer Parallelwertung in der Laiensphäre bewusst war, dass B mit einer Gewahrsamsneubegründung durch D einverstanden war, weil er von der Falle wusste, fehlte ihm der Vorsatz bezüglich der Vollendung. Er wusste, dass B bloß einen untauglichen Versuch begehen können würde. Damit **fehlte** es S am **Vollendungsvorsatz**.

Ergebnis: S hat sich nicht wegen Anstiftung zum versuchten Diebstahl strafbar gemacht.

II. Strafbarkeit gemäß §§ 246 I, 26

S könnte sich mit seiner Bitte an D, ihm den Kommentar zu besorgen, wegen Anstiftung zur Unterschlagung gemäß §§ 246 I, 26 strafbar gemacht haben.

1. Tatbestand

a) Objektiver Tatbestand

Die Unterschlagung des D als vorsätzliche, rechtswidrige Tat ist eine taugliche Haupttat.

S hat auch den Tatentschluss hierzu bei D hervorgerufen und ihn damit zur Tat bestimmt.

b) Subjektiver Tatbestand

S müsste vorsätzlich gehandelt haben. S wollte auch hier D zur Tat bestimmen. Fraglich ist jedoch, ob er Vollendungsvorsatz hatte. Da S die Methoden des D kennt, wusste er, dass dieser seinem Zueignungswillen bereits auf dem Klo Ausdruck verleihen würde, und er hatte damit auch Vollendungsvorsatz. Dass er sich erhoffte, dass D erwischt würde, ist dabei unbeachtlich, da dies nur die Beendigung, nicht aber die Vollendung der Tat hindert.[19]

2. Rechtswidrigkeit und Schuld

S handelte rechtswidrig und schuldhaft.

Ergebnis: S hat sich wegen Anstiftung zur Unterschlagung gemäß §§ 246 I, 26 strafbar gemacht.[20] Der für die Strafverfolgung gemäß § 248a erforderliche Strafantrag des B fehlt.

---

[19] **Achtung**: Zwar ist S agent provocateur, und in solchen Fällen fehlt häufig der Vollendungsvorsatz, aber prüfen Sie immer den Einzelfall und lassen Sie sich nicht von „typischen Fallgestaltungen" irritieren.

[20] Auf dieses erstaunliche Ergebnis weist Hillenkamp in seiner Anmerkung zu OLG Celle, JR 87, S. 253 ff. zu Recht hin.

C. Strafbarkeit des B

I. Strafbarkeit gemäß § 239 I

Durch das Einsperren der M in der Aufsichtskabine könnte sich B wegen Freiheitsberaubung gemäß § 239 I strafbar gemacht haben.

1. Tatbestand

a) Objektiver Tatbestand

B müsste M ihrer Freiheit beraubt haben. Da M ihren Aufenthaltsort nicht mehr verlassen konnte, war sie ihrer Freiheit beraubt.

b) Subjektiver Tatbestand

B handelte mit Wissen und Wollen, also vorsätzlich hinsichtlich der Tatbestandsverwirklichung.

2. Rechtswidrigkeit

B könnte durch das Jedermannsrecht zur vorläufigen Festnahme gemäß § 127 StPO gerechtfertigt sein.

a) Betroffenheit auf frischer Tat

B müsste dafür M auf frischer Tat betroffen haben. Dafür kommt nur eine rechtswidrige Tat im Sinne des § 11 I Nr. 5 in Betracht. Vorliegend ist an einen Diebstahl, bzw. eine Unterschlagung durch M zu denken. Tatsächlich hat sich M aber nicht strafbar gemacht. Es stellt sich damit die Frage, ob auch der dringende Tatverdacht, dem sich M durch ihr auffälliges Verhalten ausgesetzt hat, zur Rechtfertigung der tatbestandsmäßigen Freiheitsberaubung ausreicht.

aa) Zum Teil wird vertreten, dass wie bei der Festnahme durch Beamten gemäß § 127 II die **Überzeugung vom Vorliegen der Voraussetzungen** genügen soll. Da B sich sicher war, den Täter erwischt zu haben, wäre sein Festnahmerecht nicht dadurch ausgeschlossen, dass M objektiv keine Tat begangen hat.

bb) Demgegenüber wird von der h.M. eingewendet, dass dem Bürger ein Festnahmerecht **nur bei objektiv vorliegender Tat** zuzugestehen ist. Folglich wäre B nicht gerechtfertigt.

cc) Aufgrund der unterschiedlichen Ergebnisse ist der Streit zu entscheiden. Für die erste Ansicht spricht, dass der Festnehmende in der Eile des Geschehens oftmals gar nicht ausschließen kann, dass die Straftat objektiv nicht begangen wurde und das Festnahmerecht damit seinen Zweck verfehlen würde. Dem ist aber entgegenzuhalten, dass bei **sorgfältigem Vorgehen des Festnehmenden die Schuld im Rahmen eines Erlaubnistatumstandsirrtums entfällt**. Stattdessen sind die Interessen des Festgenommenen zu berücksichtigen, der davor geschützt werden muss, zu Unrecht festgenommen zu werden und sich nicht einmal dagegen wehren zu können (**keine Notwehr gegen gerechtfertigtes Handeln!**). Weiterhin sind die Rechte des Bürgers, der ausnahmsweise pro magistratu (also anstelle der Polizei) handeln darf, eng zu begrenzen. Somit ist eine objektiv vorliegende Tat zwingend zu fordern. Diese fehlt vorliegend, so dass B nicht gerechtfertigt ist.

3. Schuld

In Betracht kommt das Vorliegen eines **Erlaubnistatumstandsirrtums**. Dieser setzt voraus, dass sich B Umstände vorstellt, bei deren tatsächlichem Vorliegen sein Handeln gerechtfertigt wäre. In Betracht kommt eine Vorstellung von Umständen, die die Tat nach § 127 I rechtfertigen würden.

B stellt sich eine objektiv gegebene Tat der M im Sinne des § 11 I Nr. 5 vor.

Diese Tat müsste außerdem **frisch** sein. Frisch ist eine Tat, die noch stattfindet oder zu der noch ein unmittelbarer räumlicher und zeitlicher Zusammenhang besteht. Der Festnehmende muss zwar nicht den gesamten Tatablauf beobachtet haben, aber die von ihm selbst wahrgenommenen Tathandlungen müssen für sich schon eine rechtswidrige Tat erkennen lassen. B stellt sich Umstände vor, denen zufolge M in der Bibliothek ein Buch weggenommen oder unterschlagen hat. B hat diese Tat aber nicht einmal vage beobachtet, sondern lediglich das schwache Indiz einer auslösenden Magnetschranke. Damit fehlt es auch bei Zugrundelegung seiner Vorstellung an der Tatfrische. B handelte folglich schuldhaft.

Ergebnis: B hat sich durch das Einsperren der M wegen Freiheitsberaubung gemäß § 239 I strafbar gemacht. Die mitverwirklichte Nötigung (§ 240 I) tritt als lex generalis dahinter zurück.

Fall 21

Sachverhalt

S will seinen Erzfeind K aus dem Weg räumen, der ein großer Gegner der Vereinigten Staaten von Amerika ist. S kontaktiert seinen Freund E und schlägt diesem vor, K einen Streich zu spielen. E solle K abends vor dessen einsam gelegener Villa abfangen und mit einem Sprühmittel betäuben, das völlig harmlos sei und K für eine halbe Stunde außer Gefecht setze. Dann solle E überall an der Villa des K mitgebrachte amerikanische Flaggen aufhängen. E ist bereit, die Tat auszuführen. S gibt E eine Sprühdose, die er selbst gebastelt und mit einem sekundenschnell tödlich wirkenden Blausäurepräparat gefüllt hat. Das freilich verschweigt er gegenüber E, denn er nimmt zu Recht an, dass sich dieser nicht zu einer Tötung bereit finden werde. E macht sich sofort auf den Weg zu K. Unterwegs entdeckt er jedoch, dass die Sprühdose gefährliche Chemikalien enthält und gibt den Plan auf. Wie hat sich S strafbar gemacht?

Lösung:

I. Strafbarkeit des S gemäß §§ 212, 25 I Var.2, 22, 23 I, 12 I

S könnte sich wegen versuchter mittelbarer Täterschaft zum Totschlag strafbar gemacht haben, indem er E die Sprühdose mit den Anweisungen übergab, den Inhalt dem K ins Gesicht zu sprühen.

1. Nichtvollendung und Strafbarkeit des Versuchs

E hat die Tat nicht ausgeführt. Daher wurde der Totschlag nicht vollendet, der Versuch des Totschlags ist gemäß § 23 I, 12 I strafbar.

2. Tatentschluss

S müsste den vollen Tatentschluss hinsichtlich aller Merkmale des objektiven Tatbestandes gehabt haben. S wollte K töten, er handelte also mit Absicht (dolus directus I). S müsste Tatentschluss bezüglich eines Totschlags in mittelbarer Täterschaft gehabt haben. Er müsste geglaubt haben, dass er E als sein Werkzeug benutzt, das einen Defekt aufweist, also entweder tatbestandslos, rechtmäßig oder schuldlos handelt. S ging davon aus, dass E vorsatzlos handeln würde. Allerdings hatte S über E im Zeitpunkt der geplanten Tatausführung keine Tatherrschaft kraft überlegenen Wissens mehr.
Fraglich ist, wie dieses Problem zu lösen ist.

a) Nach der **subjektiven Theorie** ist für die Abgrenzung zwischen Täterschaft und Teilnahme die Willensrichtung und die innere Einstellung zur Tat ausschlaggebend. Täter ist, wer mit Täterwillen (animus auctoris) handelt. Teilnehmer ist, wer mit Teilnehmerwillen (animus socii) handelt. Heute ist nach Ansicht der Rechtsprechung neben der subjektiven Willensrichtung eine Gesamtbetrachtung der Tat im Hinblick auf das Tatinteresse und die Herrschaft über die Tat erforderlich. Hier ist S danach Täter, weil er die Tat als eigene will.

b) Nach der **Lehre von der Tatherrschaft** kommt es auf die Machtausübung des Täters im Hinblick auf den tatbestandsmäßigen Geschehensablauf an ("in-den-Händen-halten der Tat"). Unmittelbarer Täter ist, wer die Tat selbst verwirklicht hat; mittelbarer Täter ist, wer als Schlüsselfigur des Geschehens den Willen besitzt, die Tatbestandsverwirklichung eintreten zu lassen oder nicht ("Willensherrschaft"). S wollte E steuern und hatte damit den Willen zur Tatherrschaft.

Da die beiden Auffassungen hier zum selben Ergebnis kommen, muss der Streit nicht entschieden werden. Er handelte damit mit Tatenschluss zum Totschlag.

3. Unmittelbares Ansetzen

S müsste zur Tat unmittelbar angesetzt haben. S hat selbst nicht gehandelt.

a) Fraglich ist jedoch, ob E als Werkzeug des S einzustufen ist. Dazu müsste S über E Tatherrschaft gehabt haben. Tatherrschaft ist **das vom Vorsatz umfasste In-den-Händen-Halten des tatbestandsmäßigen Geschehensablaufes**. S hat E über die Gefährlichkeit der Sprühdose getäuscht, und er hatte Tatherrschaft über E kraft überlegenen Wissens. Die durch Täuschung vermittelte Tatherrschaft des S endet jedoch zu dem Zeitpunkt, als E den wahren Inhalt der Dose aufdeckt. Damit kann keine Zurechnung mehr erfolgen. S hatte folglich keine Tatherrschaft über E.

b) Fraglich ist jedoch, ob S allein durch die Täuschung des E und seine Entlassung, in der Hoffnung, E werde alsbald mit der Tatausführung beginnen, **unmittelbar zur Tat angesetzt hat**. Der Versuchsbeginn bei mittelbarer Täterschaft ist umstritten.

aa) Eine Ansicht sagt, der Versuch beginne schon mit der **Einflussnahme auf den Tatmittler**. Dann hätte S bereits zur Tat unmittelbar angesetzt.

bb) Gemäß einer zweiten Auffassung setzt unmittelbar an, wer den Tatmittler zur Tatausführung bestimmt hat und **ihn aus seinem Einwirkungsbereich in der Vorstellung entlässt, dass er die tatbestandsmäßige Tat nunmehr vornehmen soll.** S hat E alle Instruktionen gegeben und ihn dann losgeschickt. E sollte unmittelbar im Anschluss zum Haus des K gehen, um die Tat zu verüben. Folgte man dieser Meinung, hätte S zur Tat unmittelbar angesetzt.

cc) Eine dritte Ansicht vertritt, der Versuch beginne erst zu dem Zeitpunkt, in dem der Tatmittler mit der Tatausführung anfängt. Dieser Ansicht folgend wäre S straflos, da E nicht zur Tatausführung ansetzt. Da die ersten beiden Ansichten und die dritte Auffassung zu unterschiedlichen Ergebnissen führen, ist ein Streitentscheid vonnöten.

Für die erste Ansicht spricht, dass das, was das Werkzeug nach seiner Einwirkung unternimmt, dem Zufall unterliegt. Will man den **Zufallsfaktor** bezüglich des Versuchsbeginns stringent vermeiden, so bleibt nur die Möglichkeit, den Versuch schon mit der Einwirkung auf das Werkzeug beginnen zu lassen. **Weiterhin ist es kriminalpolitisch sinnwidrig, die Strafbarkeit des Hintermannes vom Verhalten des Werkzeugs abhängig zu machen.** Es leuchtet nicht ein, dass der Anstiftungsversuch ohne Rücksicht auf die Haupttat gemäß § 30 strafbar ist, der Versuch, einen Tatmittler einzusetzen, aber straflos wäre.

Allerdings verkennt diese Auffassung, dass die für die mittelbare Täterschaft charakteristische Vermittlung nicht nur eine reine Ursächlichkeit, sondern vielmehr auch eine spezifisch normative Zurechnung verlangt. Die erste Auffassung ist deshalb abzulehnen. Auch die zweite Meinung ist abzulehnen, da sie dem für den Versuch wesentlichen **Gefährdungsaspekt** nicht gerecht wird. Weiterhin wird das Verhältnis zwischen unbeendetem und beendetem Versuch nicht konsequent genug bestimmt.

Allein die dritte Ansicht wird der Struktur der mittelbaren Täterschaft gerecht. Die mittelbare Täterschaft ist eine **Einheit**, bestehend aus Einwirkung des mittelbaren Täters und Ausführung des Werkzeugs. Für das Versuchsstadium kommt es neben dem Verhaltensunwert auch auf das opferbezogene Moment der Rechtsgutskrise für das ins Auge gefasste Tatobjekt an, die unmittelbar bevorstehen muss. **Der Versuch beginnt daher mit dem Ansetzen durch den Tatmittler** (a.A. vertretbar). E hat noch nicht unmittelbar zur Tat angesetzt, und die geplante Tat des S ist noch nicht ins Versuchsstadium gelangt.

Ergebnis: S ist daher nicht wegen versuchter mittelbarer Täterschaft zum Totschlag strafbar.

II. Strafbarkeit des S gemäß §§ 212, 30 I

S könnte sich gemäß §§ 212, 30 I strafbar gemacht haben, indem er E zur Tötung des K veranlassen wollte. § 30 greift nur ein, wenn es sich bei der anvisierten Tat **um ein Verbrechen im Sinne des § 12 I handelt**. Dies ist bei einem Totschlag der Fall. § 30 I regelt den Fall der versuchten Anstiftung. Der Versuch der Verleitung, also die versuchte mittelbare Täterschaft, ist im Gegensatz zum Versuch der Anstiftung nicht geregelt. Ob man § 30 I so auslegen kann, dass er den Versuch der Verleitung umfasst, ist streitig.

Eine Ansicht vertritt, im Versuch der Verleitung stecke stets als normatives Minus ein Versuch zur Anstiftung. Insofern sei § 30 I anwendbar. Nach dieser Meinung wäre S gemäß §§ 212, 30 I strafbar.
Die Gegenauffassung argumentiert, § 30 I erfasse nicht den Fall des Versuchs der Verleitung. Die entstehende Strafbarkeitslücke sei in Kauf zu nehmen. Dies führt zwar zu einem kriminalpolitisch verfehlten Ergebnis, aber im Endergebnis ist dieser Ansicht zu folgen, da der Gesetzgeber trotz einiger Reformierungen des die Anwendbarkeit des § 30 I für den Versuch der Verleitung nicht ausdrücklich erklärt hat, obwohl eine Entscheidung für diesen Weg möglich gewesen wäre.

Ergebnis: S ist nicht gemäß §§ 212, 30 I strafbar.

III. Strafbarkeit des S gem. §§ 223, 224 I Nr.1 Var.1, 25 I Var.2, 22, 23 I, 12 I

S könnte sich einer versuchten mittelbaren Täterschaft zur gefährlichen Körperverletzung durch Beibringung von Gift strafbar gemacht haben, indem er E die Sprühdose mit der Anweisung übergab, den K damit zu betäuben.

1. Vorprüfung

Die Tat wurde nicht ausgeführt. Der Versuch ist nach §§ 223 II, 224 II strafbar.

2. Tatentschluss

In subjektiver Hinsicht ist der Tatentschluss des S erforderlich. Tatentschluss liegt vor, wenn der Täter vorsätzlich bezüglich aller objektiven Tatbestandsmerkmale handelte und auch alle besonderen subjektiven Tatbestandsmerkmale gegeben sind. S wollte durch E an K eine üble, unangemessene, das Wohlbefinden beeinträchtigende Behandlung vornehmen lassen, ihn also körperlich misshandeln lassen. Auch wollte er einen pathologischen Zustand und damit eine Gesundheitsschädigung herbeiführen.

Fraglich ist allerdings, ob der **Tötungsvorsatz des S den Vorsatz hinsichtlich einer Körperverletzung ausschließt**. So sieht es die Lehre vom **Alternativvorsatz**, die den Vorsatz, einen Menschen zu töten als etwas kategorisch anderes betrachtet als den Vorsatz, ihn körperlich zu verletzen. Im vorliegenden Fall wäre der Körperverletzungsvorsatz demnach zu verneinen. Allerdings ist diese Lehre mit der h.M. schon deshalb abzulehnen, weil es zu **erheblichen Strafbarkeitslücken** kommt, wenn ein Täter von einer versuchten Tötung zurücktritt, aber schon Körperverletzungen vollendet hat, weil diese mangels Vorsatz nicht bestraft werden könnten. Folglich ist mit der **Einheitstheorie** zugrunde zu legen, dass stets vorsätzlich hinsichtlich einer Körperverletzung handelt, wer Tötungsvorsatz hat. S, der Vorsatz hinsichtlich der Tötung des K hatte, handelte somit auch vorsätzlich im Hinblick auf die Körperverletzung. Folglich handelte S mit Tatentschluss bezüglich des Grunddelikts.

Der Tatentschluss des S könnte sich auf den Qualifikationstatbestand der Beibringung von Gift erstreckt haben (§ 224 I Nr. 1 Var.1). S wollte K, einen anderen Menschen, durch ein Blausäurepräparat töten lassen. Dieses Gift war geeignet, den Tod des K sekundenschnell herbeizuführen. S hatte einen über die erforderliche Gesundheitsbeschädigungsabsicht hinausgehenden Verletzungsvorsatz. S hatte den Tatentschluss bezüglich der Vergiftung.

3. Unmittelbares Ansetzen

Weiterhin müsste er unmittelbar zur Tat angesetzt haben.
Es kann hier auf die Ausführungen zur versuchten mittelbarer Täterschaft zum Totschlag verwiesen werden (s.o.). Da das Werkzeug noch nicht zur Tat angesetzt hat, hat der Versuch noch nicht begonnen. Er hat also noch nicht zur Tat angesetzt.

Ergebnis: S hat sich nicht wegen versuchter mittelbarer Täterschaft gemäß §§ 223, 224 I Nr.1 Var.1, 25 I Var.2, 22, 23 I, 12 I strafbar gemacht.

Fall 22

Sachverhalt

A will an ihrer Nachbarin F Rache üben, da diese schönere Geranien hat als sie selbst. Sie plant, beim nächsten Treffen mit einem Messer auf F einzustechen. Dabei ist A sich bewusst, dass F an den geplanten Stichverletzungen sterben kann; dies ist A jedoch egal. Als sie sich beim Kaffeetrinken mit erhobenem Messer der F von hinten nähert und auf deren Rücken zielt, beugt sich diese im Moment des Zustechens zur Seite um ein Stück Kuchen zu nehmen. F trägt deshalb lediglich eine schmerzhafte Stichwunde an der Schulter davon. A realisiert, dass sie F nicht lebensgefährlich verletzt hat. Sie gibt jedoch dennoch die weitere Tatausführung auf, da es ihr ausreicht, F einen ordentlichen Denkzettel verpasst zu haben.

Wie hat A sich strafbar gemacht? (Mordmerkmale sind nicht zu prüfen.)

Lösung:

I. Strafbarkeit gemäß §§ 212, 22, 23 I

A könnte sich durch das Zustechen wegen versuchten Totschlags gemäß §§ 212, 211, 22, 23 I strafbar gemacht haben.

1. Nichtvollendung und Strafbarkeit des Versuchs

Der objektive Unrechtstatbestand dürfte nicht oder nicht vollständig erfüllt sein. F wurde nicht getötet, somit liegt Nichtvollendung vor.
Der versuchte Totschlag ist gemäß §§ 212,12, 23 I strafbar.

2. Tatbestand

a) Tatentschluss

A müsste mit Tatentschluss gehandelt haben. Tatentschluss liegt vor, wenn der Täter vorsätzlich bezüglich aller objektiven Tatbestandsmerkmale handelte und auch alle besonderen subjektiven Tatbestandsmerkmale gegeben sind. A wollte mit dem Messer auf ihre Nachbarin einstechen. Dabei war ihr bewusst, dass sie F dadurch lebensgefährlich verletzen könnte. Dies war ihr jedoch egal. A handelte mit *dolus eventualis* bezüglich der Tötung. Sie hatte demnach Tatentschluss.

b) Unmittelbares Ansetzen

A hätte zum Versuch unmittelbar ansetzen müssen, § 22. Unmittelbares Ansetzen liegt vor, wenn der Täter subjektiv die Schwelle zum „jetzt geht`s los" überschritten hat; das ist dann der Fall, wenn er Handlungen vorgenommen hat die nach seiner Vorstellung vom Tatablauf **ohne weitere wesentliche Zwischenschritte** in die Tatbestandsverwirklichung einmünden sollen oder in unmittelbarem räumlichen und zeitlichen Zusammenhang mit ihr stehen, so dass das Angriffsobjekt aus der Sicht des Täters konkret gefährdet scheint. A hat den ersten Stich bereits ausgeführt, so dass Teilverwirklichung vorliegt und das Opfer bereits konkret gefährdet wurde. Das Vorliegen des unmittelbaren Ansetzens ist somit zu bejahen.

3. Rechtswidrigkeit: A handelte rechtswidrig.

4. Schuld

A handelte schuldhaft.

5. Persönlicher Strafaufhebungsgrund

A könnte gemäß § 24 strafbefreiend vom versuchten Totschlag zurückgetreten sein.

a) Ein Rücktritt kommt nur in Betracht, wenn **kein fehlgeschlagener Versuch** vorliegt. Ein fehlgeschlagener Versuch liegt vor, wenn der Täter aus seiner Sicht den Erfolgseintritt in unmittelbaren räumlichen oder zeitlichen Zusammenhang nicht mehr herbeiführen kann. A erkannte, dass sie die F mittels einmaligen Zustechens nicht lebensgefährlich verletzt hatte, sie hätte jedoch erneut zustechen können. Somit hätte A ihren ursprünglichen Plan verwirklichen können. Ein fehlgeschlagener Versuch liegt nicht vor.

b) Es müssten die weiteren **Voraussetzungen für einen Rücktritt** vorliegen. Die Voraussetzungen, die für die Annahme eines **strafbefreienden Rücktritts** vorliegen müssen, richten sich danach, ob im konkreten Fall ein unbeendeter oder ein beendeter Versuch vorliegt. Für einen unbeendeten Versuch ist das Aufgeben der Tat ausreichend (§ 24 I 1 Var.1); bei einem beendeten Versuch muss der Täter Rettungshandlungen vornehmen (§ 24 I 1 Var.2). Unbeendet ist ein Versuch dann, wenn der Täter noch nicht alles getan hat, was nach seiner Vorstellung von der Tat zur Erfolgsherbeiführung notwendig ist.

A erkannte, dass sie F durch den Messerstich nicht lebensgefährlich verletzt hatte. Somit lag ein **unbeendeter Versuch** vor. Es ist jedoch fraglich, ob das bloße Aufgeben der Tat auch dann genügen kann, um gemäß § 24 I 1 Var.1 von einem unbeendeten Versuch zurückzutreten, wenn das ursprüngliche, mit *dolus eventualis* eingeplante Tatziel für den Täter gar keinen Sinn mehr hat, da er sein außertatbestandliches Ziel erreicht hat (sog. „**Denkzettelfälle**").

aa) Nach einer Ansicht **fehlt es hier an einer honorierbaren Verzichtsleistung** des Täters. Ein Aufgeben alleine reiche daher für den Rücktritt nicht aus. Nach Erreichen des „Zwischenziels" sei die Tat aus Sicht des Täters abgeschlossen.

bb) Nach der Gegenansicht (BGH) ist ein Rücktritt auch in so einem Fall möglich.

cc) Gegen die zuerst genannte Ansicht spricht, dass sie zu einer **ungerechtfertigten Privilegierung des Täters mit direktem Tötungsvorsatz** führen würde. Denn selbst für Täter mit *dolus directus* besteht die Möglichkeit eines Rücktritts durch Aufgeben der Tat, solange der Versuch unbeendet war. Der mit bloß bedingtem Tötungsvorsatz Handelnde darf aber schon aus Opferschutzgründen nicht schlechter stehen. Außerdem ergibt sich aus dem Wortlaut des § 24 I nicht, dass auf außertatbestandsmäßige Absichten oder Ziele abgestellt werden kann. Eine andere Beurteilung des § 24 I ist wegen Art. 103 II GG unzulässig. Somit ist der Ansicht des BGH zu folgen. Ein Rücktritt ist möglich.

c) Die Aufgabe der Tathandlung hätte freiwillig, d.h. aus autonomen Motiven erfolgen müssen. A gab die Tathandlung auf, da sie mit der herbeigeführten Verletzung bereits ihr Ziel, nämlich der F einen Denkzettel zu verpassen, bereits erreicht hatte. Freiwilligkeit lag somit vor.

Ergebnis: A ist daher strafbefreiend von der versuchten Tötung zurückgetreten und nicht gemäß §§ 212, 22, 23 I strafbar.

II. Strafbarkeit gemäß §§ 223, 224 I Nr. 2, 3, 5

A könnte sich durch das Zustechen wegen gefährlicher Körperverletzung gemäß §§ 223, 224 I Nr. 2, 3, 5 strafbar gemacht haben.

1. Tatbestand

a) Tatbestand des Grunddelikts

aa) Objektiver Tatbestand

A müsste F körperlich misshandelt oder an der Gesundheit geschädigt haben. Eine körperliche Misshandlung ist eine üble, unangemessene Behandlung, die entweder das körperliche Wohlbefinden oder die körperliche Unversehrtheit nicht nur unerheblich beeinträchtigt. Eine Gesundheitsbeschädigung liegt vor, wenn ein pathologischer Zustand hervorgerufen oder gesteigert wird. Die Messerstichwunde stellt einen pathologischen Zustand dar, zudem ist ein Messerstich eine grobe, unangemessene Behandlung. Somit hat A die F an der Gesundheit geschädigt und körperlich misshandelt.

bb) Subjektiver Tatbestand

A hätte vorsätzlich bezüglich der Körperverletzung handeln müssen. Sie handelte mit *dolus eventualis* bezüglich der Tötung. Nach der von der Rechtsprechung vertretenen Einheitstheorie umfasst ein Tötungsvorsatz stets auch einen Körperverletzungsvorsatz, schließlich sei die Körperverletzung notwendiges Durchgangsstadium, zumindest für eine logische Sekunde, vor dem Tod. Zudem kommt es der A ja gerade darauf an, der F schmerzhafte Verletzungen zuzufügen. Somit handelte A also auch bezüglich der Körperverletzungen mit Vorsatz.

b) Tatbestand der Qualifikation

aa) Objektiver Tatbestand

(a) A könnte die Körperverletzung durch den Einsatz eines **gefährlichen Werkzeugs** hervorgerufen haben. Gefährlich ist ein Werkzeug, wenn es aufgrund seiner Beschaffenheit und seiner Benutzung im konkreten Fall geeignet ist, erhebliche Verletzungen hervorzurufen. Ein großes Küchenmesser, mit welchem auf einen menschlichen Körper eingestochen wird, ist geeignet, erhebliche Verletzungen hervorzurufen. Somit hat A die Qualifikation des § 224 I Nr.2 erfüllt.

(b) A könnte auch gemäß § 224 I Nr. 3 die Körperverletzung **mittels eines hinterlistigen Überfalls begangen** haben. Ein hinterlistiger Überfall liegt vor, wenn das planmäßige Handeln des Täters auf die Verdeckung der wahren Absichten gerichtet ist, und er somit die Verteidigungsmöglichkeiten des Opfers einschränkt. Nicht ausreichend ist im vorliegenden Fall, dass A sich der F von hinten mit dem Messer nähert; das bloße Ausnutzen des Überraschungsvorteils ist noch kein hinterlistiger Überfall. Allerdings hat A die F unter dem Vorwand eines gemütlichen Kaffeetrinkens in ihre Wohnung eingeladen. F wurde daher durch das Vorgaukeln freundlicher Absichten von dem Messerstich völlig überrascht und in der Verteidigungsmöglichkeit eingeschränkt. Somit liegt auch die Qualifikation des § 224 I Nr. 3 vor.

(c) A könnte auch die Qualifikation der Körperverletzung **mittels einer das Leben gefährdenden Behandlung** gemäß § 224 I Nr. 5 verwirklicht haben. Vorliegend war die der F zugefügte Verletzung jedoch nicht lebensgefährlich. Es ist fraglich ob der Tatbestand der Qualifikation des § 224 I Nr. 5 konkrete Lebensgefahr im Auge hat, oder ob das Vorliegen abstrakter Lebensgefahr ausreicht. Nach der Rechtsprechung ist es ausreichend, dass die Handlung, unter Berücksichtigung der konkreten Umstände des Falles, abstrakt geeignet war, eine Lebensgefahr herbeizuführen. Für diesen Ansatz spricht die Systematik des Gesetzes, denn durch die §§ 223 ff. soll lediglich die körperliche Unversehrtheit geschützt werden, zum Schutz des Lebens existieren die §§ 211 ff. Der Stich mit dem Messer auf den Rücken einer Person ist abstrakt geeignet, das Leben des Opfers zu gefährden. Somit wurde auch diese Qualifikation verwirklicht.

bb) Subjektiver Tatbestand
A handelte bei diesen Qualifikationen vorsätzlich.

2. Rechtswidrigkeit und Schuld
A handelte rechtswidrig und schuldhaft.

Ergebnis: A hat sich wegen gefährlicher Körperverletzung gemäß §§ 223, 224 I Nr. 2, 3, 5 strafbar gemacht.

Sachverhalt

Thomas und Katja liegen mit ihren Kindern Klaus (K), 7 Jahre alt, und Golo (G), 10 Jahre alt, in Lübeck Travemünde am Strand. Während sich Thomas und Katja einen Tee in einem Hotel gönnen, schwimmen K und G in der Ostsee. Plötzlich bekommt K einen Krampf und hat Probleme, sich über Wasser zu halten. G nimmt das zum Anlass, um seinen Bruder K zu ärgern. Er hält ihm seinen Arm hin, zieht ihn aber wieder weg, bevor K den Arm ergreifen kann. Dann schwimmt G davon. G hätte K problemlos retten können. Schließlich wird K vom Rettungsschwimmer R gerettet. Ansonsten wäre K ertrunken.

Wie hat sich G strafbar gemacht?

Lösung:

G könnte sich wegen versuchten Totschlags durch Unterlassen nach §§ 212, 13, 22, 23 I, 12 I strafbar gemacht haben, indem er weg schwamm, ohne K zu retten.

1. Keine Vollendung und Strafbarkeit des Versuchs

K wurde von Rettungsschwimmer R gerettet. Daher ist der Todeserfolg nicht eingetreten. Der Totschlag nach § 212 ist ein Verbrechen. Daher ist der Versuch nach §§ 212, 13, 22, 23 I, 12 I strafbar.

2. Tatentschluss

G müsste einen Tatentschluss bezüglich eines Totschlags durch Unterlassen gehabt haben. Sein Vorsatz muss sich also auf alle objektiven Tatbestandsmerkmale beziehen.

a) Handeln oder Unterlassen

G zog seinen Arm weg, als K diesen ergreifen wollte. Fraglich ist, ob der Tatenschluss bezüglich eines Handelns oder eines Unterlassens geprüft werden muss. Nach einer Auffassung kommt es auf den Energieeinsatz an. Wer Energie einsetzt, handelt. Wer dagegen den Erfolg im Sinne einer Kausalitätslehre verursacht, unterlässt die rettende Handlung. G hat Energie eingesetzt, indem er seinen Arm weggezogen hat. Damit hat er gehandelt.

Nach einer anderen Meinung ist auf den Schwerpunkt der Vorwerfbarkeit abzustellen. Der Schwerpunkt der Vorwerfbarkeit liegt vorliegend darin, dass G seinen Bruder K nicht rettet, also die Rettung unterlässt.
Da die beiden Auffassungen zu unterschiedlichen Ergebnissen führen, muss der Streit entschieden werden. Die Angrenzung zwischen Tun und Unterlassen ist ein Wertungsproblem. Die Frage, ob Energie eingesetzt wird, ist zu formalistisch. Daher ist es sachgerechter, auf den Schwerpunkt der Vorwerfbarkeit abzustellen. Vorliegend ist bei G daher den Tatentschluss hinsichtlich eines Unterlassens zu prüfen.

b) Erfolg

G wollte, dass K ertrinkt. Sein Tatentschluss bezog sich auf den Todeserfolg.

c) Rettungshandlung

G müsste den Entschluss gefasst haben, die zur Erfolgsabwendung objektiv **gebotene Handlung nicht vorzunehmen**. Die gebotene Handlung ist vorliegend in der Rettung des K zu erblicken. Dies hat G unterlassen.

Die Rettung des K wäre G auch physisch-real möglich gewesen.

d) Quasi-Kausalität

Weiterhin bedarf es einer Quasi-Kausalität zwischen Nichtvornahme der gebotenen Handlung und Erfolg. Diese Quasi-Kausalität liegt nach der modifizierten **condicio-sine-qua-non-Formel** vor, wenn die gebotene Handlung nicht hinzugedacht werden kann, ohne dass der tatbestandliche Erfolg mit an Sicherheit grenzender Wahrscheinlichkeit entfiele. Wenn G seinem Bruder geholfen hätte, wäre die Gefahr des Ertrinkens gebannt gewesen.

e) Garantenstellung

G müsste Vorsatz hinsichtlich einer Garantenstellung, also einer rechtlichen Einstandspflicht für das Ausbleiben des Erfolgs, inne gehabt haben (§ 13). In Betracht kommt eine Garantenstellung aus familiärer Verbundenheit. Es genügt eine enge natürliche Verbundenheit, wie hier unter Geschwistern. Geschwister müssen grundsätzlich füreinander einstehen. G wusste, dass K sein Bruder ist.

G hatte daher vollen Tatentschluss zum Totschlag durch Unterlassen.

3. Unmittelbares Ansetzen

G müsste zum Versuch unmittelbar angesetzt haben, § 22. Unmittelbares Ansetzen liegt vor, wenn der Täter subjektiv die Schwelle zum „jetzt geht`s los" überschritten hat. Der Versuchsbeginn beim Unterlassungsdelikt ist umstritten. Es wird vertreten, dass der Versuch bereits mit dem Verstreichen der ersten Rettungshandlung beginne. Danach hätte G unmittelbar angesetzt, indem er seinen Arm wegzog. Man könnte allerdings auch der Auffassung sein, dass der Versuch erst vorliegt, wenn die letzte Rettungsmöglichkeit verstrichen ist. Da K später vom Rettungsschwimmer gerettet wurde, war K noch nicht verloren, als sich G von ihm entfernte. Danach liegt also kein Versuch bei G vor.

Eine vermittelnde Ansicht **nimmt den Versuchsbeginn in dem Zeitpunkt an, in dem durch die Verzögerung von Rettungshandlungen eine unmittelbare Gefahr für das Opfer entsteht oder der Täter den Kausalverlauf aus der Hand gibt**. G hat durch das Davonschwimmen die Situation des K verschlechtert und den Verlauf aus der Hand gegeben. Danach läge also ein Versuchsbeginn vor.

Da die Auffassungen zu unterschiedlichen Ergebnissen kommen, ist der Streit zu entscheiden. Das Verstreichenlassen der ersten Rettungsmöglichkeit ist oft noch nicht gefährlich, solange sich die Situation für das Opfer nicht verschlechtert. Daher ist mit der letzten Auffassung das Abstellen auf die Gefährdung des Opfers sachgerecht. Sobald sich die Situation des Opfers verschlechtert, ist ein Versuchsbeginn anzunehmen.

G hat damit unmittelbar zum Totschlag angesetzt.

4. Gleichstellungsklausel

Das Unterlassen muss dem Handeln nach § 13 gleichstehen. Das Unterlassen muss den gleichen Sinngehalt aufweisen wie das im jeweiligen Tatbestand beschriebene Tun. Bei reinen Erfolgsdelikten wie dem Totschlag ist dies regelmäßig problemlos zu bejahen.

5. Rechtswidrigkeit und Schuld

Die Tat war rechtswidrig. G ist als 10-jähriger allerdings **noch nicht schuldfähig** (siehe § 19).

Ergebnis: Daher hat sich G nicht wegen versuchten Totschlags durch Unterlassen strafbar gemacht.

Fall 24 und 25

Sachverhalt

Alois (A), Bertrand (B) und Cunigunde (C) treffen sich regelmäßig zu „Lack & Leder – Nächten". In letzter Zeit fühlen sich B und C stärker zueinander hingezogen und sind es leid, ihre Vergnügen mit A teilen zu müssen.
Beim nächsten Treffen lässt sich A – wie immer – bereitwillig von B und C ans Bett fesseln. Dann holen sie die Peitsche heraus und verprügeln A ausgiebig, was dieser „ganz toll findet", obwohl sich auf seiner Haut lange Striemen abzeichnen und teilweise Wunden aufgerissen werden. Als B und C dann aber – wie von den beiden abgesprochen – das Zimmer verlassen, ahnt er, dass sie seine Fesselung ausnutzen wollen, um ungestört zu sein. Daraufhin bittet er sie, ihn loszuketten, weil er dies selbst nicht kann. Das lässt B und C aber völlig kalt, selbst als A laut um seine Befreiung fleht.
Nach einiger Zeit kommen B und C zurück. Sie befreien A, wollen ihm aber noch eine Lektion erteilen. C nimmt ihren dünnen Ledergürtel und legt ihn dem A um den Hals. Dann ziehen B und C kräftig jeweils an den Enden des Gürtels. B und C sehen keine andere Möglichkeit, A beizubringen, dass er sich von nun an anderswo umschauen muss, als ihn so zu würgen. Dabei wissen sie zwar um die Lebensgefährlichkeit ihres Tuns, wollen A aber auf keinen Fall umbringen. Plötzlich hört A auf sich zu wehren und bleibt tot liegen. Im rechtsmedizinischen Gutachten wird festgestellt, dass er aufgrund der Strangulation eine Sauerstoffunterversorgung im Gehirn erlitten hat, die zum Tod geführt hat.

Fall 24: Wie hat sich B strafbar gemacht?
Fall 25: Wie hat sich C strafbar gemacht?

(Mordmerkmale sind in beiden Fällen nicht zu prüfen.)

Lösung:[21]

I. Strafbarkeit gemäß §§ 239 I, 25 II

B und C könnten sich durch die Fesselung des A wegen mittäterschaftlich begangener Freiheitsberaubung gemäß §§ 239 I, 25 II strafbar gemacht haben.

1. Objektiver Tatbestand

B und C müssten den A eingesperrt oder auf andere Weise seiner Freiheit beraubt haben. Das setzt voraus, dass er am Verlassen seines Aufenthaltsorts gehindert wurde. Aufgrund der Fesselung konnte A sich nicht mehr fortbewegen, so dass er seiner Freiheit beraubt war.

Allerdings könnte ein Einverständnis den Tatbestand ausschließen. Im Gegensatz zur rechtfertigenden Einwilligung kommt es beim Einverständnis nur auf den realen Willen des Rechtsgutsinhabers an, auf sein Rechtsgut zu verzichten. A wollte tatsächlich am Bett gefesselt werden. Dies schließt den Tatbestand der Freiheitsberaubung aus.

Ergebnis:

B und C haben sich durch die Fesselung nicht wegen Freiheitsberaubung strafbar gemacht.

II. Strafbarkeit gemäß §§ 239 I, 13 I, 25 II

B und C könnten sich wegen in Mittäterschaft begangener Freiheitsberaubung durch Unterlassen gemäß §§ 239 I, 13 I, 25 II strafbar gemacht haben, indem sie A gefesselt im Bett zurückließen.

1. Tatbestand

a) objektiver Tatbestand

aa) Erforderlich ist zuerst ein tatbestandlicher Erfolg. Dieser liegt bei § 239 darin, dass jemand am Verlassen seines Aufenthaltsorts gehindert wird. Durch die Fesselung kann A sich nicht fortbewegen, also liegt der tatbestandliche Erfolg einer Freiheitsberaubung vor.

Etwas anderes könnte sich jedoch aus dem Vorliegen eines **tatbestandsausschließenden Einverständnisses** ergeben. Dies liegt dann

[21] Hier kam es darauf an, dass Sie erkennen, dass die beiden Personen trotz der unterschiedlichen Fälle (Fall 24, Fall 25) gemeinsam geprüft werden müssen (§ 25 II).

vor, wenn der Rechtsgutsträger tatsächlich auf sein Rechtsgut verzichten will. Zwar ließ sich A anfangs bereitwillig fesseln, sein Einverständnis hielt aber nur an, bis B und C den Raum verließen. Sein Einverständnis in das Dauerdelikt der Freiheitsberaubung ist somit nachträglich entfallen.

bb) B und C müssten eine zur **Erfolgsabwendung objektiv gebotene Handlung** nicht vorgenommen haben. Die gebotene Handlung ist vorliegend im Lösen der Fesseln zu erblicken. Dies haben B und C unterlassen.

cc) Das Lösen der Fesseln wäre B und C auch physisch-real möglich gewesen.

dd) Weiterhin bedarf es einer Quasi-Kausalität zwischen Nichtvornahme der gebotenen Handlung und Erfolg. Diese Quasi-Kausalität liegt nach der modifizierten **condicio-sine-qua-non-Formel** vor, wenn die gebotene Handlung nicht hinzugedacht werden kann, ohne dass der tatbestandliche Erfolg mit an Sicherheit grenzender Wahrscheinlichkeit entfiele. Mit Lösung der Fesseln wäre der Erfolg der Freiheitsberaubung entfallen.

ee) B und C müssten eine Garantenstellung, also eine **rechtliche Einstandspflicht** für das Ausbleiben des Erfolgs innegehabt haben.

aaa) Für die Bejahung einer Garantenstellung aus Lebens- oder Gefahrengemeinschaft mangelt es vorliegend am Vertrauensverhältnis mit besonderer persönlicher Verbundenheit. Die Beziehung von A, B und C ist vielmehr als Zweckgemeinschaft anzusehen.

bbb) In Betracht kommt jedoch eine Garantenstellung aus **Ingerenz**. Das setzt das Hervorrufen einer Gefahrenlage durch pflichtwidriges Vorverhalten voraus. B und C haben beim Fesseln des A keine tatbestandsmäßige Freiheitsberaubung begangen (s.o.), aber dennoch ein Risiko geschaffen, dass es zu einer Freiheitsberaubung kommt. Es stellt sich somit die umstrittene Frage, ob sich auch aus erlaubtem risikoreichem Vorverhalten eine Garantenstellung ergeben kann.

α) Nimmt man an, dass es für die Begründung einer Garantenstellung **ausreicht**, eine Gefahr zu begründen, die adäquat kausal zum in Frage stehenden Erfolg führen kann, dann wären B und C vorliegend Garanten.

β) Legt man jedoch zugrunde, dass es eines **pflichtwidrigen Vorverhaltens** bedarf, wäre eine Garantenstellung von B und C abzulehnen.

γ) Da die Ansätze zu verschiedenen Ergebnissen führen, ist eine Entscheidung für eine Ansicht notwendig. Für die erste Position spricht die strukturelle Ähnlichkeit der Schaffung eines erlaubten Risikos mit der garantenpflichtbegründenden Übernahme von Sicherungspflichten bzw. der Herrschaft über fremde Sachen. Für die Gegenmeinung wird angeführt, dass bloße Kausalität nicht zu einer gesteigerten strafrechtlichen Verantwortlichkeit führen könne. Dieser Argumentationslinie ist jedoch nicht beizupflichten, weil nicht die Kausalität, sondern die Schaffung einer gefährlichen Situation die besondere Pflichtenstellung begründet. Dass die gefährliche Situation **erlaubterweise herbeigeführt wurde, muss dabei unbeachtlich sein, insbesondere wenn die Erlaubnis bei einem Dauerdelikt später wegfällt.**[22]

δ) Damit kommt man im konkreten Fall zu dem Ergebnis, dass B und C eine Garantenstellung innehatten.

ff) Der Erfolg müsste B und C objektiv zurechenbar sein. Dafür muss sich im Erfolg genau die Gefahr verwirklicht haben, die durch das Nichtstun der Garanten begründet wurde. Gerade weil B und C den A nicht entfesselt haben, war dieser seiner Fortbewegungsfreiheit beraubt.

gg) Das Unterlassen war schließlich im Vergleich zu einem Begehen durch Tun gleichwertig (§ 13 I a.E.).

b) subjektiver Tatbestand

B und C handelten mit Wissen und Wollen hinsichtlich der Tatbestandsverwirklichung, also vorsätzlich im Sinne des § 15.

2. Rechtswidrigkeit und Schuld

B und C handelten rechtswidrig und schuldhaft.

Ergebnis: B und C haben sich wegen in Mittäterschaft begangener Freiheitsberaubung durch Unterlassen gemäß §§ 239 I, 13 I, 25 II strafbar gemacht.

---

[22] Plastisch hier der bei Kühl, Strafrecht AT, § 18, Rn. 97 geschilderte Fall: die durch § 34 gerechtfertigte Wegsperrung eines Volltrunkenen führt zur Ingerenz, wenn dieser ausgenüchtert ist.

III. Strafbarkeit gemäß §§ 223 I, 224 I Nr. 1, 5, 25 II
Durch das Auspeitschen des A könnten sich B und C wegen in Mittäterschaft begangener gefährlicher Körperverletzung strafbar gemacht haben.

1. Tatbestand

a) Tatbestand des Grunddelikts

aa) objektiver Tatbestand des Grunddelikts
Für die Verwirklichung des objektiven Tatbestands ist das Vorliegen einer körperlichen Misshandlung oder einer Gesundheitsschädigung erforderlich. Körperliche Misshandlung ist eine grobe unangemessene Behandlung, die das körperliche Wohlbefinden nicht nur unerheblich beeinträchtigt. Trotz des Lustgefühls, das A dabei empfinden mag, ausgeprügelt zu werden, liegt objektiv eine solche unangemessene Behandlung vor. Auch eine Gesundheitsschädigung, also das Herbeiführen eines pathologischen Zustands, ist in dieser Handlung zu erblicken.

Allerdings könnte der Grundtatbestand bereits durch ein Einverständnis ausgeschlossen sein. Ein **tatbestandsausschließendes Einverständnis** ist jedoch nur bei den Straftaten möglich, deren Unwert gerade darin liegt, dass sie gegen den Willen des Betroffenen geschehen. Die Pönalisierung der Körperverletzung, die primär die körperliche Unversehrtheit schützt, hat eine andere Zielrichtung, so dass ein Tatbestandsausschluss durch Einverständnis nicht möglich ist.

Da B und C aufgrund eines gemeinsamen Tatplans bei der Körperverletzung einvernehmlich zusammenwirken, **handeln sie als Mittäter** im Sinne des § 25 II.

bb) subjektiver Tatbestand des Grunddelikts
B und C müssen vorsätzlich im Sinne des § 15, also mit Wissen und Wollen hinsichtlich der Tatbestandsverwirklichung handeln. B und C wollten dem A die Wunden zufügen und handeln in Kenntnis aller Tatumstände.

b) Tatbestand der Qualifikation

aa) objektiver Tatbestand der Qualifikation
Die Körperverletzung könnte durch die Begehung mittels eines gefährlichen Werkzeugs im Sinne des § 224 I Nr. 2 Var. 2 **qualifiziert** sein. Gefährlich ist ein Werkzeug, wenn es aufgrund seiner Beschaffenheit und seiner Benutzung im konkreten Fall geeignet ist, erhebliche Verletzungen hervorzurufen. Benutzt man eine Peitsche zum Verprügeln eines Menschen, so kann man damit gravierende Verletzungen hervorrufen. Ein gefährliches Werkzeug liegt somit vor.

Weiterhin könnte eine gemeinschaftliche Begehung im Sinne des § 224 I Nr. 5 vorliegen. Hierfür ist erforderlich, dass mindestens zwei Personen bei der Körperverletzung zusammenwirken und dem Verletzten unmittelbar gegenüber stehen. B und C wirken bei der Körperverletzung unmittelbar zusammen, so dass auch die Qualifikation des § 224 I Nr. 5 gegeben ist.

bb) subjektiver Tatbestand der Qualifikation
Der Vorsatz von B und C umfasst auch die Umstände, die zur Verwirklichung der Qualifikation führen.

2. Rechtswidrigkeit
Das Handeln von B und C könnte aufgrund einer Einwilligung des A gerechtfertigt sein. Die Einwilligung ist ein gewohnheitsrechtlich anerkannter Rechtfertigungsgrund.

a) Rechtsgutsträger
Als Rechtsgutsträger kann A grundsätzlich in eine Verletzung seines Körpers einwilligen.

b) Dispositionsbefugnis
A müsste aber auch zur Disposition über sein Individualrechtsgut befugt sein. Nach § 228 ist eine Einwilligung bei Verstoß gegen die guten Sitten unbeachtlich. Dabei werden die guten Sitten vom Anstandsgefühl aller billig und gerecht Denkenden bestimmt. Für eine Sittenwidrigkeit der konkret vorgenommenen Handlungen spricht die menschenunwürdige Behandlung durch sado – masochistische Praktiken. Allerdings ist Zurückhaltung bei der Beurteilung von intimen Sachverhalten geboten. Aufgrund der weitgehenden Toleranz in der Gesellschaft zu Fragen der Sexualität werden solche Praktiken nicht als schlechthin sittenwidrig angesehen (a.A. vertretbar). Eine Einwilligung ist also nicht gemäß § 228 ausgeschlossen.

c) willensmängelfreie Erteilung

Außerdem bedarf es einer willensmängelfreien Erteilung einer Einwilligung. A besaß die erforderliche Einsichtsfähigkeit und war auch nicht in seiner Willensbildung beeinträchtigt, als er B und C konkludent erlaubte, ihn auszupeitschen. Eine wirksame Einwilligungserklärung liegt damit vor.

d) subjektives Rechtfertigungselement

In subjektiver Hinsicht ist zu fordern, dass B und C in Kenntnis der Einwilligung handeln. B und C wissen um die Einwilligung. Dass sie nicht nur aufgrund der Einwilligung handeln, ist dabei unbeachtlich.

Die Rechtswidrigkeit der gefährlichen Körperverletzung entfällt also aufgrund der Einwilligung.

Ergebnis: B und C haben sich durch das Auspeitschen des A nicht wegen gefährlicher Körperverletzung strafbar gemacht.

IV. Strafbarkeit gemäß §§ 212 I, 25 II

B und C könnten sich wegen Totschlags in Mittäterschaft gemäß §§ 212 I, 25 II strafbar gemacht haben, indem sie A mit einem Gürtel erdrosselt haben.

1. Tatbestand

a) objektiver Tatbestand

B und C haben den Tod des A und somit den tatbestandlichen Erfolg des § 212 I kausal und objektiv zurechenbar herbeigeführt.

b) subjektiver Tatbestand

B und C müssten vorsätzlich gehandelt haben. Vorsatz (§ 15) ist das Wissen und Wollen der Tatbestandsverwirklichung. B und C wussten zwar um die Lebensgefährlichkeit ihres Tuns (kognitives / intellektuelles Element), ihnen war der tatbestandliche Erfolg aber höchst unerwünscht, sie wollten ihn also nicht. Deshalb stellt sich die Frage, wie das Fehlen des voluntativen Elements zu behandeln ist, ob entweder bereits bedingter Vorsatz (dolus eventualis) angenommen werden kann oder ob es sich noch um einen Fall bewusster Fahrlässigkeit (luxuria) handelt.

aa) Einerseits kann man für die Annahme bedingten Vorsatzes zwingend ein **voluntatives Element** verlangen. Das würde vorliegend zum Ausschluss des Vorsatzes führen, da B und C auf keinen Fall den Tod des A herbeiführen wollten.

bb) Andererseits ist es möglich, die Vorstellung von einer großen Erfolgswahrscheinlichkeit für die **Bejahung von bedingtem Vorsatz** genügen zu lassen. Da B und C davon ausgingen, dass das Drosseln für A lebensbedrohlich ist, würde hiernach ein bedingt vorsätzliches Handeln anzunehmen sein.

cc) Aufgrund unterschiedlicher Ergebnisse ist eine Entscheidung für einen der Ansätze zu treffen. Für das Verlangen eines Willenselements spricht, dass auch bei den anderen Vorsatzformen ein kognitives *und* ein voluntatives Element vorliegen müssen. Der besondere Vorwurf, der sich in der Vorsatzstrafbarkeit widerspiegelt, liegt darin, dass jemand das Herbeiführen des Erfolges zumindest billigend in Kauf nimmt. Allerdings kann man, mit der zweiten Ansicht, davon ausgehen, dass bei einer wahrgenommenen sehr hohen Erfolgswahrscheinlichkeit **zwangsläufig von einer Hinnahme des Erfolgs durch den Täter auszugehen ist**. Es ist dabei unbeachtlich, ob sich der Täter tatsächlich mit der Möglichkeit des Erfolgs abfindet, weil es sich hierbei bloß um eine graduelle emotionale Unterscheidung handelt. Folgerichtig genügt für die Bejahung des Vorsatzes bei hoher Erfolgswahrscheinlichkeit das Vorliegen des kognitiven Elements.[23]

dd) B und C haben aufgrund ihrer Kenntnis von der großen Gefährlichkeit ihres Handelns bei gleichzeitiger Missbilligung des Erfolgs vorsätzlich gehandelt.

2. Rechtswidrigkeit und Schuld: Beide handelten rechtswidrig und schuldhaft.

Ergebnis: B und C haben sich durch die Erdrosselung des A wegen mittäterschaftlichen Totschlags gemäß §§ 212 I, 25 II strafbar gemacht.

Endergebnis und Konkurrenzen: B und C haben sich in mittäterschaftlicher Begehungsweise strafbar gemacht wegen Freiheitsberaubung durch Unterlassen in Tatmehrheit mit Totschlag gemäß §§ 239 I, 13 I; 212 I; 53; 25 II.

---

[23] **Achtung:** Dieser Streitentscheid mag für Sie erstaunlich anmuten. Er ist die Folge einer Inkonsequenz des BGH im „Lederriemenfall" (BGHSt 7, 363), der hier zugrunde gelegt wird. Zwar hat sich der BGH dort zum Erfordernis des voluntativen Elements bekannt (h.L.; st. Rspr.), jedoch ein solches – unrichtig – auch in dem Fall angenommen, dass der Erfolg dem Täter unerwünscht ist (S. 369).